名师名校名校长

凝聚名师共识
回应名师关怀
打造名师品牌
培育名师群体

顾明远题

他山之石

初中物理课堂
学生能力培养研究

杨庆辉 著

民主与建设出版社
·北京·

图书在版编目（CIP）数据

他山之石：初中物理课堂学生能力培养研究 / 杨庆
辉著. — 北京：民主与建设出版社, 2019.5
ISBN 978-7-5139-2464-1

Ⅰ. ①他… Ⅱ. ①杨… Ⅲ. ①中学物理课—课堂教学
—教学研究—初中 Ⅳ. ①G633.72

中国版本图书馆CIP数据核字（2019）第073192号

他山之石：初中物理课堂学生能力培养研究
TASHAN ZHISHI：CHUZHONG WULI KETANG XUESHENG NENGLI PEIYANG YANJIU

出 版 人	李声笑	
著　　者	杨庆辉	
责任编辑	刘　芳	
封面设计	姜　龙	
出版发行	民主与建设出版社有限责任公司	
电　　话	（010）59417747　　59419778	
社　　址	北京市海淀区西三环中路10号望海楼E座7层	
邮　　编	100142	
印　　刷	北京虎彩文化传播有限公司	
版　　次	2022年6月第1版	
印　　次	2022年6月第1次印刷	
开　　本	710 毫米 × 1000 毫米　　1/16	
印　　张	9.75	
字　　数	176千字	
书　　号	ISBN 978-7-5139-2464-1	
定　　价	48.00 元	

注：如有印、装质量问题，请与出版社联系。

广东省教育科学规划课题"广宁县初中物理课堂落实学生能力培养教学设计与实施的研究"（2016ZQJK028）。

本书以紧贴现实的教育科研课题项目为基础，用最浅显的语言对整个研究过程进行详细解读，希望可以帮助一线中学物理教师更深入地了解、把握教育科学课题项目工作开展的基本程序，提高教师教育科学研究工作的能力和水平，也对教师课堂习惯和行为、学生价值观的培养产生影响，为提高中学物理教师课堂教学质量带来帮助。

我国经济、教育的快速发展，社会的不断进步，对中学物理教师专业技术水平与能力的要求不断提高。教师的专业成长需要坚实的垫脚石，因此，开展教育科学研究是教师自身专业化的需要。

一、教育科研对中学教师越发重要

《中华人民共和国职业分类大典》是我国对职业进行科学分类的权威性文献，里面把人民教师归为第二大类"专业技术人员"之列。该"职业分类大典"把人民教师定义为"从事各级各类教育教学工作的专业人员"，下分高等教育教师、中等职业教育理论教师、实习指导教师、其他中等职业教育教师、中学教师、小学教师、幼儿教师、特殊教育教师、其他教学人员共9小类。

专业技术人员是指拥有特定的专业技术，并以其专业技术从事专业工作，并因此获得相应利益的人。为使专业技术人员在专业工作中效率更高，最佳途径是改进其技术，而改进技术只有走科研之路。

教师属于专业技术人员，要提高教育教学工作效率，就需要改进其技术。从本质上讲，教师的工作具有创造性且带有科研的特质。中学教师专业的有效成长，最为高效的途径就是开展教育科学研究。所以，现在提倡"中学教师要由学科型教师到科研型教师转变"。

二、深入了解教育科研课题项目

我们要成功做一件事，前提是必须对该事件相关情况做深入的了解，了解得越清楚，理解得越深刻，成功的概率就会越高。就如同解物理题，掌握的信息越多，找到的可利用的条件越多，方法就越多，解题就越容易。他山之石，可以攻玉。他人的人生经历虽然不能成为自己的，但它可以给自己的人生提供很多有价值的启发与借鉴，也同样可以丰富自己的人生，让自己的人生之路走得更远。对于教育科研，我们要通过各种途径进行深入学习，努力提高自身的教育科学研究工作的能力和水平，以满足专业发展的需求。教师研究、参与他人的教育科学研究课题项目不失为一种很好的自我提升的途径。

三、做好教育科研课题项目

人的各种能力的形成都具有长期性、亲历性的特征，能力只有在主体深层次的参与、经历中才能逐渐内化而成。

我们做教育科学研究课题项目，不能仅仅只做搬运工，照葫芦画瓢。教师若想提高教育科学研究工作的能力和水平，必须要了解、学习他人进行教育科学研究课题项目的具体过程，做到知其然更知其所以然，并亲历其中。只有这样，才能对自己设计、实施教育科研课题研究带来实质性的帮助，才有助于自己做好教育科学研究课题项目，达到提高自身专业水平的目的。就如人们吃的食物，要经过人体消化吸收，令其发生质的改变，转化为自身内在的东西，才能发挥其真正的价值。

四、广东省教育科研"十三五"规划2016年度研究教育科研重点项目课题（2016ZQJK028）的基本情况

"广宁县初中物理课堂落实学生能力培养教学设计与实施的研究"（2016ZQJK028），属于广东省教育科研"十三五"规划2016年度研究教育科研重点项目课题。课题于2015年8月完成网上平台申报，经广东省教育科学规划领导小组批准立项，2016年7月收到正式立项通知，2018年12月完成

结题评审材料的整理和递交。

对初中物理课堂落实学生能力培养问题，本课题转换研究问题的角度，从教师培养提升的角度研究解决问题，并且同时关注学生不同方面能力的培养（只要学科教学过程中存在实现的契机）。如此从教师能力提升方面着手，可以更有效解决这个实际问题。

本课题主持人是县教育局教研室初中物理教研员，课题研究主力是本县9位一线的物理学科骨干教师。通过课题研究，在培养学生多方面能力的教学设计与实施上，找到一些有效的做法，教师形成一定的技能和技巧，达到在传授物理知识的同时，又培养学生多方面能力的目的。

经过本课题组所有成员两年半时间的共同努力，我们对初中物理课堂落实学生能力培养共性的条件、特点和规律有了更多一致的认识，在教学设计与实施环节获得了不少的经验，积累了不少有价值的资料。在整个研究过程中，收获了一定数量的成果。截至2018年12月，共有8篇论文在国家级专业核心期刊《中学物理》、省级专业期刊《湖南中学物理》和市级教研期刊《珠江论坛》上发表，还制作出一定数量的教学课例、课堂实录等。

同时，本课题项目研究已初见成效，对县域内物理学科实际教学已产生不同程度的正面影响：①教师观念的改变。课堂在传授学科专业知识的同时兼顾各种能力的培养。②课堂习惯和行为的改变。观念变了，行为自然会改变，部分物理教师课堂习惯和课堂行为已有不同程度的改变；课堂教学价值观和学生培养价值观有所改变；部分课题组成员在某方面能力的培养上已略有心得。

虽然本课题的研究已告一段落，但更多的实践经验还在进一步整理完善中，后续将会有更多的成果形成，为更多初中物理教师所共享。

杨庆辉

2018年12月

上篇　研究报告

下篇　成果展示

上 篇

研 究 报 告

广东省教育科学研究项目申请书

一、基本信息

<table>
<tr><td rowspan="11">项目信息</td><td>项目名称</td><td colspan="5">广宁县初中物理课堂落实学生能力培养教学设计与实施的研究</td></tr>
<tr><td>项目类别</td><td colspan="5">教育科研重点项目</td></tr>
<tr><td>研究类型</td><td colspan="2">基础研究</td><td>申请金额</td><td colspan="2">3（万元）</td></tr>
<tr><td>学科一</td><td colspan="5">教育学——普通教育</td></tr>
<tr><td>学科二</td><td colspan="5"></td></tr>
<tr><td>学科三</td><td colspan="5"></td></tr>
<tr><td>计划开始日期</td><td colspan="2">2016年8月</td><td>计划完成日期</td><td colspan="2">2018年9月</td></tr>
<tr><td>所属单位</td><td colspan="2">肇庆</td><td>所在学校</td><td colspan="2">广宁县教育局教研室</td></tr>
<tr><td>单位类型</td><td colspan="5"></td></tr>
<tr><td>预期成果形式</td><td colspan="5">论文、研究报告</td></tr>
</table>

<table>
<tr><td rowspan="3">合作单位</td><td>合作单位名称</td><td>联系人</td><td>联系电话</td><td>通信地址</td></tr>
<tr><td></td><td></td><td></td><td></td></tr>
<tr><td></td><td></td><td></td><td></td></tr>
</table>

<table>
<tr><td rowspan="7">负责人信息</td><td>姓　名</td><td>杨庆辉</td><td>性　别</td><td>男</td><td>民　族</td><td>汉族</td></tr>
<tr><td>出生年月</td><td>1972年×月</td><td>学　历</td><td>大学本科</td><td>学　位</td><td>其他</td></tr>
<tr><td>职　称</td><td>副高级</td><td>职　务</td><td colspan="3">初中物理教研员</td></tr>
<tr><td>办公电话</td><td>0758-8623142</td><td>手　机</td><td colspan="3">1392980××××</td></tr>
<tr><td>一级学科</td><td>教育学</td><td>二级学科</td><td colspan="3">普通教育学</td></tr>
<tr><td>电子邮件</td><td>gnyqhtj@163.com</td><td>身份证号</td><td colspan="3">441223197211××××××</td></tr>
</table>

人才层次	肇庆市中学名师培养对象
研究专长	初中物理课堂教学和评价

| 摘要 | 本项目以主持人牵头，县教研室两位主任做顾问，为研究提供了强有力的指导和技术支持，全县10位物理学科骨干教师作为本次研究的中坚力量。
本项目以行动（实践）研究为主，通过了解学习和研究，对"学生在物理学科学习中能力培养内容的界定""学生多方面能力培养的条件、特点、规律"等问题做深入的了解和理解。然后，由课题组教师在物理学科现实教学中进行研究、实践，积累一些有价值的教学案例。能够在初中物理课堂落实学生能力培养上，在教学设计与实施环节初步形成基础性理论，便于物理教师的学习、交流和实践。
通过本项目的研究，拟达到以下总体目标：
（1）提高教师的教育科研实践水平，改善教师的科研能力，推动教师由学科型教师向科研型教师转变。
（2）促进物理教师把先进理念进行落实，变为效益；促进物理教师的专业成长，实现山区物理教师专业发展的区域推进。
（3）在培养学生多方面能力的教学设计与实施上，找到一些有效的做法，教师形成一定的技能和技巧 |
| 关键字 | 初中物理、学生能力培养、教学设计与实施 |

二、项目组成员

总数 （含负责人）	高级		中级	初级	博士	硕士	学士
13	3		8	2	0	0	0
姓名	性别	出生年月	学位	职称	项目分工	工作单位	研究领域
杨庆辉	男	1972年×月	其他	副高级	课题负责人	广宁县教育局教研室	初中物理课堂教学和评价
周卓文	男	1963年×月	其他	中级	课题项目顾问	广宁县教育局教研室	教师专业成长
邓文新	男	1957年×月	其他	副高级	课题项目顾问	广宁县教育局教研室	中学物理课题研究
李新媚	女	1970年×月	其他	副高级	课题研究实施	广宁县何楮铭纪念中学	初中物理教学实践

毛钟波	男	1982年×月	其他	中级	课题研究实施	广宁县五和中学	初中物理教学实践
康益玲	女	1980年×月	其他	初级及以下	课题研究实施	广宁县木格中学	初中物理教学实践
姓名	性别	出生年月	学位	职称	项目分工	工作单位	研究领域
陈健芳	男	1982年×月	其他	中级	课题研究实施	广宁县洲仔中学	初中物理教学实践
苏旻芳	女	1985年×月	其他	中级	课题研究实施	广宁县洲仔中学	初中物理教学实践
邱奕照	男	1975年×月	其他	中级	课题研究实施	广宁县实验学校	初中物理教学实践
伍金飞	男	1978年×月	其他	中级	课题研究实施	广宁县上林中学	初中物理教学实践
龚玉梅	女	1983年×月	其他	初级及以下	课题研究实施	广宁县江屯中学	初中物理教学实践
程世强	男	1982年×月	其他	中级	课题研究实施、资料收集	广宁县文杰中学	初中物理教学实践
程卓华	男	1975年×月	其他	中级	课题研究实施、资料收集	广宁县古水中学	初中物理教学实践

三、预期成果

论文（篇）	总数	4
	其中：核心期刊（CSSCI和北大核心）	1
	SSCI、A&HCI、ISSHP收录	
专著（部）		
研究报告（篇）		1
其他	教学案例、教学课例和教学设计等10篇	

四、经费申请表

预算科目	支持经费	备注（计算依据与说明）
图书资料费	0.3000万元	
调研差旅费	0.4000万元	
计算机机时费及其辅助设备购置和使用费	0.3000万元	
购置文具费	0.1000万元	
小型会议费	1.2000万元	
咨询费	0.0000万元	
印刷费	0.3000万元	
复印费	0.1000万元	
成果打印费	0.3000万元	
其他	0.0000万元	
合计	3.0000万元	
与本项目有关的其他经费来源	其他计划资助经费	0.0000万元
	其他经费资助	0.0000万元
	其他经费合计	0.0000万元

五、项目论证

（一）研究意义（研究背景、学术价值、应用价值）

1. 课题的背景

2001年秋季，全国部分省区市启动义务教育新课程改革实验项目。2004年秋季，广东、山东、海南、宁夏四省区作为全国首批高中课改实验区正式启动。义务教育新课程改革已经实施了十几年，作为教师，尽管知道教育教学的新要求：一切都是为了促进学生的长远发展；学科教学不仅要关注知识目标的落实，更要落实对学生多方面能力的培养。但对于经济、教育发展相对落后的山区，广宁县大多数的初中物理教师在课堂教学设计中，真正对学生多方面能力的培养关注得并不多；课堂上能真正把握住契机、充分利用好有利资源、落实学生能力培养的更少。实际课堂中呈现出的仍是仅关注知识目

5

标的落实，忽视对学生多方面能力培养的落实；或仅是停留在浅层面上，没有深入践行；又或把应付考试的解题能力等同为"学生多方面能力"的全部等问题。以上种种对于学生长远发展是不利的，大大降低了对人的培养最终结果的高度，也不符合国家长远发展的需求。本课题项目旨在通过研究，改善或解决该实际问题。

2. 课题的学术价值与应用价值

本课题研究主要以应用价值为主。

（1）本课题的研究有利于新课改的目标进一步从理念走向落实。新课改的诸多理念最终都要在教学中落实，教育教学一些有价值的新观点也需要在实践中落实，才可以达到其价值目标，发挥作用。本课题正是基于学生多方面能力培养的价值，试图通过教育科研的手段，促使教师在对学生多方面能力培养方面更为关注，深入了解研究，做到既完成知识传授的目标，又落实学生多方面能力的培养，更好地促进学生的长远发展。

（2）本课题的研究有助于推动本区域新课改形势下教师的专业发展。在新课改的教育形势下，教师的专业发展显得尤为重要，但对于经济、教育发展相对落后的广宁山区，专业发展在大多数教师心中并不占多大的分量。本课题可以通过参与教育科研的过程，使教师在对学生多方面能力培养的条件、特点、规律方面有更深的理解，在教学过程中能更好地把握有利于学生能力培养的教学契机，使教师在专业技能、教学智慧方面有很大的提升。本课题的研究为推进区域物理教师专业发展提供了很好的动力。

（3）本课题的研究是学生终身发展和国家长远发展对当前我县教育的呼唤。教学的一切活动，都是为了促进学生的长远发展。从长远发展的角度来说，学生多方面能力的培养甚至比物理学科知识的传递更为重要，而我们落后地区的物理教师恰恰在这方面显得尤为不足。通过本课题的研究，可以弥补初中物理教师的不足，以促进学生、教师的长远发展，满足国家长远发展的需求。

（4）形成初步基础性理论，便于交流学习。能够在初中物理课堂上落实学生能力的培养，在教学设计与实施环节中，初步形成基础性理论，有助于物理教师在该方面的学习、交流和实践。

（二）本项目的研究现状

关于"初中物理课堂落实学生能力培养"，国内有学者在进行研究，也有相关文章呈现，但他们的研究都是仅针对某一方面能力培养的研究，关于初中物理课堂综合关注多方面能力培养方面的研究少之又少。例如，学生实验能力的培养、初中物理复习教学中培养学生问题解决能力、初中物理课堂教学中培养学生的创新能力等，这些研究也仅是从学生角度寻求解决问题的途径和方法，但是从教师培养的角度解决本问题的研究基本没有。

本课题研究的重点在于：教师主要以课堂教学的形式进行工作，这就决定了初中物理教师在不同知识内容的课堂教学中，或在教学即时生成的教学机遇中，会遇到培养学生不同方面能力的机会，而教师不仅仅要关注某一方面能力的培养，也要有能力把握、驾驭这样的契机，充分发挥这种契机的用用，使课堂教学在学生的培养方面产生巨大的价值。

本课题就是从教师培养的角度研究解决问题的。我们认为，课堂教学是师生双方的行为，单从学生方面着手可能无法理想地解决问题，若从教师能力提升方面进行配合，可能会更为有效地解决这个问题。因为如果教师在专业技能、教学智慧方面得到了提升，就能够在物理课堂教学设计中更好地规划安排相关的环节，课堂实施过程中更易把握住一些有利于学生多方面能力培养的教学契机。在合适的时机中运用更多资源开展教学活动，以达到传授物理知识的同时，又培养学生多方面能力的目标，达到"寓教于无形"的境界。

（三）本项目总体框架和基本内容，拟达到目标（分年度目标及总体目标）

1. 总体框架和基本内容

本课题项目以主持人牵头，参与成员中有县教育局教研室的两位主任，他们擅长教师专业成长和课堂教学技术领域的研究。他们作为本课题研究的顾问，为研究提供了强有力的指导和技术支持。除此之外，还有本县10位一线的物理学科骨干教师，他们擅长初中物理教学实践，有丰富的课堂实操经验，是本次研究的中坚力量。

本课题项目以行动（实践）研究为主，通过前期有目的的了解学习和研究，对有关内容认识的进一步提升，对"学生在物理学科学习中能力培养内容的界定""学生多方面能力培养的条件、特点、规律"等问题有更为全面的了解和理解。然后，由课题组教师在物理学科现实教学中进行尝试、研究、实践，在有关内容教学设计与实施上，为如何提升教师的技能和技巧，积累一些有价值的教学案例。能够在初中物理课堂培养学生能力，在教学设计与实施环节初步形成基础性理论，便于物理教师在该方面的学习、交流和实践。

2. 拟达到的目标

通过本课题项目的研究，拟达到的总体目标：

（1）在初中物理课堂教学中，使学生的学习方式、教师的教学方式得到更好的改善，学生综合素质得到较大提高；提高教师的教育科研实践水平，提高教师的科研能力，推动教师由学科型教师向科研型教师转变。

（2）通过参与课题研究，促进物理教师把先进理念进行落实，变为效益；关注常态化的教学改革，为中学物理教学改革注入新的活力；促进物理教师的专业成长，实现山区物理教师专业发展的区域推进。

（3）通过课题研究，在培养学生多方面能力的教学设计与实施中找到一些有效的做法，教师形成一定的技能和技巧，达到在传授物理知识的同时，又培养学生多方面能力的目标。

拟达到的年度目标：

（1）在2016—2017学年度，课题参与者完成阶段性的小论文、课例等小范围的阶段性成果，主持人或课题组完成课题研究中期报告。

（2）在2017—2018学年度，课题参与者完成一定数量的小论文、课例等成果，主持人或课题组完成课题研究结题报告。

（四）拟解决的关键问题、拟突破的重点及主要创新之处

1. 本课题研究拟解决的关键问题、拟突破的重点

（1）本课题研究拟解决的关键问题：课题参与教师能对"学生在物理学科学习中能力培养的内容"做出准确的界定；课题参与教师能对"不同能力培养的条件、特点、规律"有较深入的理解；课题参与教师能从更高的高度对"学生能力培养的课堂有效行为"进行思考，并有效实施。

（2）本课题研究拟突破的重点：怎样帮助、促使我们的课题参与教师在专业技能、教学智慧方面有大的提升，以支持课题参与教师在学科教学中进行尝试、研究、实践；在多方面能力培养上，进行有效设计与实施，积累一定的经验，形成值得借鉴的教学案例和基础性理论。

2. 本课题研究主要创新之处

（1）参与课题研究的形式灵活，使课题研究效果更好。一种方式是真正意义的参与者，邀请本县10位一线的物理学科骨干教师加入，课题项目由主持人牵头，县教育局教研室的两位主任也参与其中。

另一种方式是县域内的其他初中物理教师，可以以课题项目学习模仿者的身份，模仿本课题的研究程式，以校级课题立项开展相同的研究（例如，广宁县××中学初中物理课堂落实学生××能力培养教学设计与实施的研究），我们课题组将给予相关技术层面的指导与支持，相关的研究成果也可以纳入本课题成果中。

（2）课题研究问题的角度转换，能更有效地解决问题。本课题项目不再按习惯从学生的角度、从单一的某方面解决能力培养的问题，而是从教师培养提升的角度研究解决问题，并且同时关注学生不同方面能力的培养（只要学科教学过程中存在实现的契机），这样从教师能力提升方面进行配合，会更好地解决这个问题。

（五）本项目的研究方法和研究计划

1. 本课题项目的研究方法

（1）行动研究法。行动研究法是本课题项目最主要的研究方法。研究前制订计划；研究中实践计划；研究后观察效果，反思教学活动，改进教学活动。每一次研究都包括计划、实践、观察、反思四个环节。该方法适用于课题研究的准备阶段与实施阶段。

（2）文献研究法。利用现代信息网络广泛收集国内外相关研究成果、学习资源，以支持本课题研究的开展，既避免重复研究，浪费资源，又可以保证课题研究的高起点和课题成果的高质量。

（3）案例研究法。案例研究法是指教师记录课题研究过程中的各种典型案例，并对其进行分析、反思。该方法适用于课题研究的实施阶段。

（4）调查法。调查法是指运用采访、座谈、问卷、一般统计等方法了解掌握课题的研究情况。该方法适用于课题研究的全过程。

2. 本课题项目的研究计划

研究内容设计：

（1）收集、分析、了解国内外中学物理课堂对学生能力培养的一些观点和事例。通过分析这些事例，对"学生在物理学科学习中能力培养的内容""不同能力培养的条件、特点、规律"等有更深入的理解。

（2）调查本区域初中物理教师课堂对学生能力培养相关问题的状况。通过问卷调查，了解本区域初中物理教师对"在课堂教学中学生能力培养"相关问题的了解程度，以及在教学工作中具体的实施情况，为课题研究工作的开展打好基础。

（3）根据实际条件，针对各成员研究内容，在不同阶段为课题参与者提供相关的学习资源和基本培训，确保课题研究工作的顺利开展。

（4）研究、实践在初中物理课堂落实学生能力培养设计与实施的有效做法。

（各课题参与者可侧重自己擅长的某一方面的能力培养进行重点研究，但不能把研究内容完全割裂。）

研究过程设计：

（1）2016年1月—2016年6月，收集、分析、了解国内外中学物理课堂对学生能力培养的一些观点和事例。

（2）2016年7月—2016年11月，完成广宁县初中物理课堂落实学生能力培养教学设计与实施现状的调查及报告（调查报告）。

（3）2016年7月—2018年12月，在不同阶段，为课题参与者提供相关的学习资源和基本培训。

（4）2016年10月—2017年9月，研究、实践广宁县初中物理课堂落实学生能力培养教学设计与实施的有效做法，并完成课题研究中期报告（案例、论文、课题研究中期报告）。

（5）2017年10月—2018年9月，研究、实践广宁县初中物理课堂落实学生能力培养教学设计与实施的有效做法，并完成课题研究结题报告（案例、论文、课题研究结题报告）。

（六）负责人前期研究基础

近三年要完成哪些重要研究课题，已发表哪些相关成果，相关成果的评价情况（引用、转载、获奖及被采纳情况）；已收集哪些相关资料；完成本课题研究的时间保证，资料设备等科研条件。

六、课题申请人及主要成员承诺书

课题研究情况	曾经参与或主持的课题名称	立项单位	主持还是参与	是否结题
	学业评价对三维目标在教学中落实的导向研究	肇庆市教育局教研室	主持	是
学术成果情况	成果名称	发表刊物、出版单位或授奖单位	成果形式	发表、出版或获奖时间
	例说初中物理教师怎样吃透吃准教材	湖南中学物理	论文	2015年第3期
	山区义务教育阶段物理教师对三维目标和学业评价了解状况调查报告	肇庆教育研究	调查报告	2013年第1期
	课堂上如何重视物理能力的培养	中学物理教学参考	论文	2010年第4期下半月刊
	如何让物理在教学中散发魅力	肇庆教育研究	论文	2010年第3期

附件：

申请者	杨庆辉	所在学校	广宁县教育局教研室
项目名称	广宁县初中物理课堂落实学生能力培养教学设计与实施的研究		

申请者承诺：

本人符合各项申报条件。本表各项内容真实、数据准确，不涉密，没有知识产权争议。如果获准立项，承诺以本表为有约束力协议，遵守有关规定，按计划认真开展研究工作，取得预期研究成果，并按时报送有关材料。若填报失实和违反规定，本人将承担全部责任。

签字：_____

项目组主要成员承诺：

本人保证有关申报内容的真实性。如果获得资助，本人将严格遵守广东省教育厅的有关规定，切实保证研究工作时间，加强合作、信息资源共享，认真开展工作，及时向负责人报送有关材料。若个人信息失实、执行项目中违反规定，本人将承担相关责任。

编号	姓名	工作单位	分工	签名
1	周卓文	广宁县教育局教研室	课题项目顾问	
2	邓文新	广宁县教育局教研室	课题项目顾问	
3	杨庆辉	广宁县教育局教研室	课题项目主持人	
4	李新媚	广宁县何楮铭纪念中学	课题研究实施	
5	毛钟波	广宁县五和中学	课题研究实施	
6	康益玲	广宁县木格中学	课题研究实施	
7	陈健芳	广宁县洲仔中学	课题研究实施	
8	苏旻芳	广宁县洲仔中学	课题研究实施	
9	邱奕照	广宁县实验学校	课题研究实施	
10	伍金飞	广宁县上林中学	课题研究实施	
11	龚玉梅	广宁县江屯中学	课题研究实施	
12	程世强	广宁县文杰中学	课题研究实施、资料收集	
13	程卓华	广宁县古水中学	课题研究实施、资料收集	

所在学校和合作单位承诺：

已按填报说明对申请人的资格和申请书内容进行了审核。申请如获资助，本单位保证对研究计划实施所需要的人力、物力和工作时间等条件给予保障，严格遵守广东省教育厅有关规定，督促负责人和主要成员以及本单位科研管理部门按照广东省教育厅的规定及时报送有关材料。

	单位名称	承诺配套经费	日期
所在学校	广宁县教育局教研室（公章）	1.0000（万元）	2015年8月18日
地市科研管理单位	（公章）	（万元）	年　月　日
合作单位1	（公章）	（万元）	年　月　日
合作单位2	（公章）	（万元）	年　月　日

广东省教育科学规划领导小组办公室立项通知

杨庆辉同志：

经广东省教育科学规划领导小组批准，你申报的课题"广宁县初中物理课堂落实学生能力培养教学设计与实施的研究"被批准为广东省教育科研"十三五"规划2016年度研究教育科研重点项目，课题标准号2016ZQJK028，立项课题研究起始时间以下达通知之日为准。

根据《广东省教育科研管理办法（试行）》要求，接受立项后的《广东省教育科学规划课题申请书》即为有效约束力的协议，你及所在单位必须承担相应责任并执行以下决定：

接到通知后，请尽快在三个月内组织开题，制订具体的实施方案，并按照研究周期将开题报告、中期报告、研究成果等及时报送我办。

课题总经费3万元，课题经费省财政厅已一次性全部下拨至你所在的市（市、县、区）财政局。立项经费需严格按照《广东省强师工程专项资金管理办法》使用。课题研究成果发表需独家注明"广东省教育科学规划课题+课题名称（课题批准号）"。

若对以上规定持有异议可以不接受，并请来函说明，立项协议自行废止。

成果形式：论文、研究报告。

完成时间：2年。

广东省教育科学规划领导小组办公室

2016年6月

2016年（强师工程）中小学教育科研能力提升计划项目立项表

项目编号	所属区县	所属学校	项目名称	项目类别	负责人姓名	成果形式	完成日期	下达经费（万元）
2016YQJK212	市直	广东肇庆中学	简笔写作练习与高考作文备考研究	教育科研一般项目	王飞娥	论文、研究报告	2年	1.5
2016YQJK213	市直	广东肇庆中学	微课程视域下次发达地区中学美术纳课教学应用探究	教育科研一般项目	周光耀	论文、研究报告	2年	1.5
2016YQJK214	市直	广东肇庆中学	"以学习为中心"的初中地理有效教学设计研究——基于首要教学原理	教育科研一般项目	陈颂	论文、研究报告	2年	1.5
2016YQJK215	市直	广东肇庆中学	导学案在高中数学命题教学中的实际应用与研究——以广东肇庆中学为例	教育科研一般项目	张本龙	论文、研究报告	2年	1.5
2016YQJK216	市直	肇庆市教育局教学研究室	高中历史教学梳理基本脉络与发展线索的实践研究	教育科研一般项目	李萍	论文、研究报告	2年	1.5
2016YQJK217	端州区	肇庆市第七小学	优质数字教育资源整合与利用研究	教育科研一般项目	梁婉红	论文、研究报告、案例集	2年	1.5
2016YQJK218	端州区	肇庆市端州中学	政治课教学中微课的设计与应用研究	教育科研一般项目	杨月荣	论文、研究报告、微课视频等	2年	1.5

15

项目编号	所属区县	所属学校	项目名称	项目类别	负责人姓名	成果形式	完成日期	下达经费（万元）
2016YQJK219	端州区	肇庆市第四小学	各阶段英语教师"听评课"现状调查及对策的行动研究	教育科研一般项目	杨凤	论文、研究报告	2年	1.5
2016YQJK220	端州区	肇庆市第七小学	创编例题对培养小学生数学学习能力的实践研究	教育科研一般项目	莫邦新	论文、研究报告、案例集	2年	1.5
2016YQJK221	端州区	肇庆市端州区黄岗镇沙潮小学	提升郊区小学生数学素养的实践与研究	教育科研一般项目	林肇坚	论文、研究报告、案例集	2年	1.5
2016ZQJK028	广宁县	广宁县教育局教研室	广宁县初中物理课堂落实学生能力培养教学设计与实施的研究	教育科研重点项目	杨庆辉	论文、研究报告	2年	3.0
2016YQJK222	广宁县	广宁县何楮铭纪念中学	结合当下社会生活，学习"经典古诗词""传统节日文化"，培养语文素养的探究	教育科研一般项目	钟肖容	论文、研究报告	2年	1.5
2016YQJK223	广宁县	广宁县文杰中学	农村初中数学教学与信息技术整合的研究与实践	教育科研一般项目	范桂成	论文、研究报告	2年	1.5

广东省教育科学规划课题：
广宁县初中物理课堂落实学生能力
培养教学设计与实施的研究开题报告

广东省教育科学规划课题

开题报告

课 题 名 称　广宁县初中物理课堂落实
学生能力培养教学设计与实施的研究

批准立项时间　　2016　年　6　月

计划完成时间　　2018　年　9　月

课 题 负 责 人　　　杨庆辉

所 在 单 位　　广宁县教育局教研室

电　话　　　　1392980××××
E–Mail　　　gnyqhtj@163.com

广东省教育科学规划办制

二〇一一年十二月

一、开题活动简况（开题时间、开题地点、评议专家、参与人员等）

开题时间：2016年9月8日

开题地点：广宁县实验学校正德楼传统文化学堂

评议专家：梁瑞军、李灼文、邓剑芳、钱少珍

参与人员：评议专家、课题项目组成员、县教研室部分教研员、部分学校物理教师

二、开题报告要点（题目、内容、方法、组织、进度、经费分配、预期成果等）

项目类别：教育科研重点项目

学科分类：教育学——普通教育

课题名称：广宁县初中物理课堂落实学生能力培养教学设计与实施的研究

申　请　人：杨庆辉

所在单位：广宁县教育局教研室

申报日期：2015年8月18日

开题报告：（后附完整开题报告）

课题主持人签名：

2016年9月8日

三、专家评议要点

1. 项目研究的问题很有实际意义和研究价值，问题如有效解决，会对学生的培养效果、课堂教学效益的提高、教师的专业成长有很重要的现实意义。

2. 项目研究目标明确，设计合理，研究过程需解决的关键问题和突破的重点理解到位，把握准确。研究思路清晰，初步设想的研究步骤和计划具体详细。

3. 项目研究规划科学合理，可操作性强。研究内容、总体研究过程、课题组成员的研究过程等相关设计具体有条理，符合实际，为参与者的研究能够很好地落实提供了有效保障。特别是对课题组成员研究过程的设计，为课题参与者的研究工作提供了很好的研究思路。

建议：

1. 对项目研究有效内容确定的环节要有更具体准确的安排，这是整个研究能顺利进行的前提和基础。

2. 主持人层面研究的力度要加大，保证研究的高质量。对"初中物理课堂落实学生能力培养中共性的条件、特点和规律""针对初中物理课堂各种学生能力培养中某些点做精准、深度研究"的研究是各成员研究的有力支撑。

3. 每个人的精力有限，大量日常工作会影响研究工作的投入，主持人在项目研究工作中要抓住重点研究内容、对重点研究人员进行重点指导和扶持，有的放矢。

4. 在项目研究过程中，主持人对项目研究参与者的各种技术支持、指导、培训要及时到位。

评议专家组签名：

2018年9月8日

四、重要变更（侧重说明对照课题申请书、根据评议专家意见所做的研究计划调整）

1. 在课题项目研究有效内容确定的环节，研究建立更具体的思维模型，以确保课题研究内容、方向的正确性。

2. 在项目研究工作过程中，重点抓住物理建模能力、逻辑思维能力、与实验密切相关能力的研究，并对几个科研能力较强的成员进行重点关注。

3. 在项目研究的不同阶段，主持人对项目研究参与者的各种技术支持、指导、培训的内容和形式做出更具体的规划

课题负责人所在单位审查意见：

杨庆辉老师代表课题组所做的开题报告真实、详尽，所研究问题确实来自现实工作中的发现，很有研究意义和价值。研究设计科学合理，规划很具体，极具可操作性。请课题项目全体参与人员在研究工作中继续研讨完善，使课题项目的研究取得更多更有价值的成果。

2018年9月8日

区教育科研管理部门审查意见

杨庆辉老师主持的课题是"十三五"规划2016年度研究教育科研重点项目（2016ZQJK028），确有研究的意义和价值，研究设计科学合理，规划很具体，极具可操作性。请课题项目全体成员认真领会专家的意见建议，在研究中不断完善调整，扎实开展相关研究工作，并收到如期的研究成果。

2018年9月8日

（注：凡属广东省教育科学规划课题的，均用此开题报告表格作为结题的必备材料之一。）

制表：广东省教育科学规划办

各位领导、专家、老师：

大家好！

经广东省教育科学规划领导小组批准，我们课题组申报的课题"广宁县初中物理课堂落实学生能力培养教学设计与实施的研究"，于2016年6月作为广东省教育科研"十三五"规划2016年度研究教育科研重点项目（课题批准号2016ZQJK028）同意立项。现将本课题相关情况向各位领导、专家、老师汇报如下。

一、研究意义（研究背景、学术价值、应用价值）

1. 课题的背景

2001年秋季，全国部分省区市启动义务教育新课程改革实验项目。2004年秋季，广东、山东、海南、宁夏四省区作为全国首批高中课改实验区正式启动。至今，义务教育新课程改革已经实施了十几年，作为教师，尽管知道教育教学的新要求：一切都是为了促进学生的长远发展；学科教学不仅要关注知识目标的落实，更要落实对学生多方面能力的培养。但对于经济、教育发展相对落后的山区，广宁县大多数的初中物理教师在课堂教学设计中，真正对学生多方面能力的培养关注得并不多；课堂上能真正把握住契机，充分利用好有利资源，落实学生能力培养得更少。实际课堂中呈现出的仍是仅关注知识目标的落实，忽视对学生多方面能力培养的落实；或仅是停留在浅层面上，没有深入践行；又或把应付考试的解题能力等同为"学生多方面能力"的全部等问题。以上种种对于学生长远发展是不利的，大大降低了对人的培养最终结果的高度，也不符合国家长远发展的需求。本课题项目旨在通过研究，改善或解决该实际问题。

2. 课题的学术价值与应用价值

本课题研究主要以应用价值为主。

（1）本课题的研究有利于新课改的目标进一步从理念走向落实。新课改的诸多理念最终都要在教学中落实，教育教学一些有价值的新观点也需要在实践中落实，才可以达到其价值目标，发挥作用。本课题正是基于学生多方面能力培养的价值，试图通过教育科研的手段，促使教师在对学生多方面能力培养更为关注，更深入了解研究，做到既完成知识传授的目标，又落实学生多方面能力的培养，更好地促进学生的长远发展。

（2）本课题的研究有助于推动本区域新课改形势下教师的专业发展。在新课改的教育形势下，教师的专业发展显得尤为重要，但对于经济、教育发展相对落后的广宁山区，专业发展在大多数教师心中并不占多大的分量。通过本课题参与教育科研的过程，可以使教师在对学生多方面能力培养的条件、特点、规律方面有更深的理解，在教学过程中能更好地把握有利于学生能力培养的教学契机，使教师在专业技能、教学智慧方面有很大的提升。本课题的研究为推进区域物理教师专业发展提供了很好的动力。

（3）本课题的研究是学生终身发展和国家长远发展对当前我县教育的呼唤。教学的一切活动，都是为了促进学生的长远发展。从长远发展的角度来说，学生多方面能力的培养甚至比物理学科知识的传递更为重要，而我们落后地区的物理教师恰恰在这方面显得尤为不足。通过本课题的研究，可以弥补初中物理教师的不足，以促进学生、教师的长远发展，满足国家长远发展的需求。

（4）本课题的研究可以形成初步基础性理论，便于交流学习。能够在初中物理课堂落实学生能力的培养方面，在教学设计与实施环节形成初步的基础性理论，有助于物理教师在该方面的学习、交流和实践。

二、相关领域国内研究的现状

关于"初中物理课堂落实学生能力培养"，国内有学者在进行研究，也有相关文章呈现。但他们的研究都是仅针对某一方面能力培养的研究，关于初中物理课堂综合关注多方面能力培养的研究少之又少。例如，学生实验能力的培养、初中物理复习教学中培养学生问题解决能力、初中物理课堂教学中培养学生的创新能力等，这些研究也仅是从学生角度寻求解决问题的途径和方法，但是从教师培养的角度解决本问题的研究基本没有。

本课题研究的重点在于：教师主要以课堂教学的形式进行工作，这就决定了初中物理教师在不同知识内容的课堂教学中，或在教学即时生成的教学机遇中，会遇到培养学生不同方面能力的机会，而教师不仅要关注某一方面能力的培养，也要有能力驾驭这样的契机，充分发挥这种契机的作用，使课堂教学在学生的培养方面产生巨大的价值。

本课题就是从教师培养的角度研究解决问题的。我们认为，课堂教学是师生双方的行为，单从学生方面着手可能无法理想地解决问题，若从教师能力提升方面进行配合，可能会更为有效地解决这个问题。因为如果教师在专业技能、教学智慧方面得到了提升，就能够在物理课堂教学设计中更好地规划、安排相关的环节，课堂实施过程中更易把握住一些有利于学生多方面能力培养的教学契机。在合适的时机中运用更多资源开展教学活动，以达到传授物理知识的同时，又培养学生多方面能力的目标，达到"寓教于无形"这一境界。

三、总体框架和基本内容、拟达到的目标

1. 总体框架和基本内容

本课题项目以主持人牵头，参与成员中有县教育局教研室的两位主任，他们擅长教师专业成长和课堂教学技术领域的研究，他们作为本课题研究的顾问，为研究提供了强有力的指导和技术支持。除此之外，还有本县10位一线的物理学科骨干教师，他们擅长初中物理教学实践，有丰富的课堂实操经验，是本次研究的中坚力量。

本课题项目以行动（实践）研究为主，通过前期有目的的了解学习和研究，对有关内容的认识进一步提升，对"学生在物理学科学习中能力培养内容的界定""学生多方面能力培养的条件、特点、规律"等问题有更为全面的了解和理解。然后，由课题组教师在物理学科现实教学中进行尝试、研究、实践，在有关内容的教学设计与实施上，为如何提升教师的技能和技巧，积累一些有价值的教学案例。能够在初中物理课堂落实学生能力培养方面，在教学设计与实施环节形成初步的基础性理论，便于物理教师在该方面的学习、交流和实践。

2. 拟达到的目标

通过本课题项目的研究，拟达到的总体目标：

（1）在初中物理课堂教学中，使学生的学习方式、教师的教学方式得到更好的改善，学生综合素质得到较大提高；提高教师的教育科研实践水平，提高教师的科研能力，推动教师由学科型教师向科研型教师转变。

（2）通过参与课题研究，促进物理教师把先进理念进行落实，变为效益；关注常态化的教学改革，为中学物理教学改革注入新的活力；促进物理教师的专业成长，实现山区物理教师专业发展的区域推进。

（3）通过课题研究，在培养学生多方面能力的教学设计与实施上，找到一些有效的做法，教师形成一定的技能和技巧，达到在传授物理知识的同时，又培养学生多方面能力的目标。

拟达到的年度目标：

（1）在2016—2017学年度，课题参与者完成阶段性的小论文、课例等小范围的阶段性成果，主持人或课题组完成课题研究中期报告。

（2）在2017—2018学年度，课题参与者完成一定数量的小论文、课例等成果，主持人或课题组完成课题研究结题报告。

四、拟解决的关键问题、拟突破的重点及主要创新之处

1. 本课题研究拟解决的关键问题、拟突破的重点

本课题研究拟解决的关键问题是：课题参与教师能对"学生在物理学科学习中能力培养的内容"做出准确的界定；课题参与教师能对"不同能力培养的条件、特点、规律"有较深入的理解；课题参与教师能从更高的高度对"学生能力培养的课堂有效行为"进行思考，并有效实施。

本课题研究拟突破的重点是：怎样帮助、促使我们的课题参与教师在专业技能和教学智慧方面有大的提升，以支持课题参与教师在学科教学中进行尝试、研究、实践；在多方面能力培养上，进行有效设计与实施，积累一定的经验，形成值得借鉴的教学案例和基础性理论。

2. 本课题研究主要创新之处

（1）参与课题研究的形式灵活，使课题研究效果更好。一种方式是真正意义的参与者，邀请本县10位一线的物理学科骨干教师加入，他们擅长初中物理教学实践，有丰富的课堂实操经验，是本次研究的中坚力量。本课题项目以主持人牵头，参与成员中有县教育局教研室的两位主任，他们擅长教师专业成长和课堂教学技术领域的研究，作为本课题研究的顾问，为研究提供强有力的指导和技术支持。

另一种方式是县域内的其他初中物理教师，可以以课题项目学习模仿者的身份，模仿本课题的研究程式，以校级课题立项开展相同的研究（例如，广宁县××中学初中物理课堂落实学生××能力培养教学设计与实施的研究），我们课题组将给予相关技术层面的指导与支持，相关的研究成果也可以纳入本课题成果中。

（2）课题研究问题的角度转换，能更有效地解决问题。本课题项目不再

按习惯从学生的角度、从单一的某方面解决能力培养的问题，而是从教师培养提升的角度研究解决问题，并且同时关注学生不同方面能力的培养（只要在学科教学过程中存在实现的契机），这样从教师能力提升方面进行配合，会更好地解决这个问题。

五、本项目的研究步骤和计划

（一）总体规划

基于课题项目组实际条件，课题研究工作的开展主要从以下三个层面进行整体规划。

1. 主持人层面

主持人在课题项目研究工作中，负责规划设计、统筹整个课题研究工作，并根据研究进程和成员需求为成员的研究提供指导和帮助；研究掌握县域内初中物理教师课堂对学生能力培养问题的状况；研究初中物理课堂落实学生能力培养中共性的条件、特点和规律；针对初中物理课堂各种学生能力培养中某些点做精准、深度的研究。

2. 课题组成员层面

主持人组织成员在各自学习研修、交流的基础上，确定"本课题可以研究的内容"，并综合考虑每个人的个性特点及所在学校的实际条件，确定各成员的研究主攻方向。为保证研究的质量，各课题成员侧重自己擅长的某一方面能力培养进行重点研究，但不能把研究内容完全割裂。课题研究形成成果的过程如下图所示。

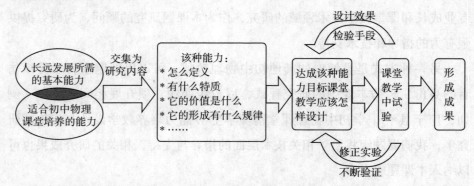

课题组各成员参照上图的研究流程设计，研究、实践初中物理课堂落实

学生能力培养教学设计与实施的有效做法。参考完整教育科研课题程序独立进行个人层面的研究，完成课题研究方案（计划）、中期报告、结题报告等程序性材料，形成案例、论文等研究成果。整个研究过程要特别注重相关资料的积累和整理。

3. 技术保障层面

多途径获取有助于本课题项目研究的资源，充分发挥其价值，从技术层面保障课题研究工作的有效开展。作为县物理教研员的课题主持人，可以为课题项目研究开展带来更多的便利。主持人作为肇庆市第二批中学名师培养对象，可以充分发挥培养单位（广东省第二师范学院）为每个培养对象配备的理论导师和实践导师的作用，课题项目研究可以得到更高水平教育科研人员的指导。所有这些条件，都为本课题项目的研究带来了技术方面强有力的保障。

（二）相关设计

1. 研究内容设计

（1）收集、分析、了解国内外中学物理课堂对学生能力培养的一些观点和事例。通过分析这些事例，对 "学生在物理学科学习中能力培养的内容""不同能力培养的条件、特点、规律"等有更深入的理解。

（2）调查本区域初中物理教师课堂对学生能力培养相关问题的状况。通过问卷调查，了解本区域初中物理教师对"在课堂教学中学生能力培养"相关问题的了解程度，以及在教学工作中具体的实施情况，为课题研究工作的开展打好基础。

（3）根据实际条件，针对各成员研究内容，在不同阶段为课题参与者提供相关的学习资源和基本培训，确保课题研究工作的顺利开展。

（4）研究、实践在初中物理课堂落实学生能力培养设计与实施的有效做法。

（各课题参与者可侧重自己擅长的某一方面的能力培养进行重点研究，但不能把研究内容完全割裂。）

2. 总体研究过程设计

（1）2016年1月—2016年6月，收集、分析、了解国内外中学物理课堂对学生能力培养的一些观点和事例。

（2）2016年7月—2016年11月，完成广宁县初中物理课堂落实学生能力培养教学设计与实施现状的调查及报告（调查报告）。

（3）2016年7月—2018年12月，在不同阶段，为课题参与者提供相关的学习资源和基本培训。

（4）2016年10月—2017年9月，研究、实践广宁县初中物理课堂落实学生能力培养教学设计与实施的有效做法，并完成课题研究中期报告（案例、论文、课题研究中期报告）。

（5）2017年10月—2018年9月，研究、实践广宁县初中物理课堂落实学生能力培养教学设计与实施的有效做法，并完成课题研究结题报告（案例、论文、课题研究结题报告）。

3. 课题组成员的研究过程设计

课题组各成员按以下设计的研究流程，独立研究、实践初中物理课堂落实学生能力培养教学设计与实施的有效做法，并完成课题研究方案、中期报告、结题报告等过程性资料的积累和整理，形成案例、论文等研究成果。

六、本项目的预期研究成果

本项目的预期研究成果主要以调查报告、教学案例、教学课例、论文、研究报告等形式呈现。

七、本项目的研究保障条件

1. 领导和组织的重视

本课题得以顺利立项，与各级领导、主管部门的重视分不开。从收到省市关于"2016年度中小学教师教育科研能力提升计划项目申报"文件开始，我县教育局局长和分管副局长等领导亲自批示、督办，教研室周卓文主任亲自参与规划落实，本课题项目才得以落地。到今天课题科研资金的落实，开题会的召开，都是领导、组织重视的结果。

2. 人员、技术方面的保障

作为县教研室物理教研员的课题主持人，可以为课题项目的研究带来更多的便利。主持人作为肇庆市第二批中学名师培养对象，可以充分发挥培养单位（广东省第二师范学院）为每个培养对象配备的理论导师和实践导师的作用，课题项目研究可以得到更高水平教育科研人员的指导。本课题项目由县教育局教研室的周卓文、邓文新两位主任直接参与，他们擅长教师专业成长和课堂教学技术领域的研究，作为本课题研究的顾问，可以为研究提供强有力的指导和技术支持。再加上本县10位一线的物理学科骨干教师，他们擅长初中物理教学实践，有丰富的课堂实操经验，是本次研究的中坚力量，课题组成员名单见下表。所有这些条件，都为本课题项目研究开展带来人员、技术等方面强有力的保障。

编号	姓名	工作单位	分工
1	周卓文	广宁县教育局教研室	课题项目顾问
2	邓文新	广宁县教育局教研室	课题项目顾问
3	杨庆辉	广宁县教育局教研室	课题项目主持人
4	李新媚	广宁县何楮铭纪念中学	课题研究实施
5	毛钟波	广宁县五和中学	课题研究实施
6	康益玲	广宁县木格中学	课题研究实施
7	陈建芳	广宁县洲仔中学	课题研究实施
8	苏旻芳	广宁县洲仔中学	课题研究实施
9	邱奕照	广宁县实验学校	课题研究实施
10	伍金飞	广宁县上林中学	课题研究实施
11	龚玉梅	广宁县江屯中学	课题研究实施
12	程世强	广宁县文杰中学	课题研究实施、资料收集
13	程卓华	广宁县古水中学	课题研究实施、资料收集

3. 科研经费的保障

省划拨的3万元课题项目科研经费已经到位，加上县教育局的相应支持，课题项目开展研究所需经费已经得到应有的保障。

八、结语

各位领导、专家、老师们，本课题项目在省市县有关专家和相关部门的支持与重视下，得以顺利立项，并从人员及经费等多方面给予充分的保障。相信经过我们课题组全体成员的两年努力，可以高质量地按时完成研究任务。

个人很多的理解和想法还很不成熟，请各位领导、专家、老师们给予指导和建议。谢谢！

广宁县初中物理课堂落实学生能力培养教学设计与实施的课题项目研究方案

本课题项目于2015年8月完成网上平台申报，经广东省教育科学规划领导小组批准同意立项，2016年6月收到正式立项通知，2016年12月课题资金到位。为此，"广东省教育科学研究项目申请书"中初步计划的研究工作均往后顺延。

一、研究意义（研究背景、学术价值、应用价值）

1. 课题的背景

2001年秋季，全国部分省区市启动义务教育新课程改革实验项目。2004年秋季，广东、山东、海南、宁夏四省区作为全国首批高中课改实验区正式启动。义务教育新课程改革已经实施了十几年，作为教师，尽管知道教育教学的新要求：一切都是为了促进学生的长远发展；学科教学不仅要关注知识目标的落实，更要落实对学生多方面能力的培养。但对于经济、教育发展相对落后的山区，广宁县大多数的初中物理教师在课堂教学设计中，真正对学生多方面能力的培养关注得并不多；课堂上能真正把握住契机，充分利用好有利资源，落实学生能力培养得更少。实际课堂中呈现出的仍是仅关注知识目标的落实，忽视对学生多方面能力培养的落实；或仅是停留在浅层面上，没有深入践行；又或把应付考试的解题能力等同为"学生多方面能力"的全部等问题。以上种种对于学生长远发展是不利的，大大降低了对人的培养最终结果的高度，也不符合国家长远发展的需求。本课题项目旨在通过研究，改善或解决该实际问题。

2. 课题的学术价值与应用价值

本课题研究主要以应用价值为主。

（1）本课题的研究有利于新课改的目标进一步从理念走向落实。新课改的诸多理念最终都要在教学中落实，教育教学一些有价值的新观点也需要在实践中落实，才可以达到其价值目标，发挥作用。本课题正是基于学生多方面能力培养的价值，试图通过教育科研的手段，促使教师在对学生多方面能力培养方面更为关注，深入了解研究，做到既完成知识传授的目标，又落实学生多方面能力的培养，更好地促进学生的长远发展。

（2）本课题的研究有助于推动本区域新课改形势下教师的专业发展。在新课改的教育形势下，教师的专业发展显得尤为重要，但对于经济、教育发展相对落后的广宁山区，专业发展在大多数教师心中并不占多大的分量。本课题可以通过参与教育科研的过程，使教师在对学生多方面能力培养的条件、特点、规律方面有更深的理解，在教学过程中能更好把握住有利于学生能力培养的教学契机，使教师在专业技能、教学智慧方面有很大的提升。本课题的研究为推进区域物理教师专业发展提供了很好的动力。

（3）本课题的研究是学生终身发展和国家长远发展对当前我县教育的呼唤。教学的一切活动，都是为了促进学生的长远发展。从长远的角度来说，学生多方面能力的培养甚至比物理学科知识的传递更为重要，而我们落后地区的物理老师恰恰在这方面显得尤为不足。通过本课题的研究，可以弥补初中物理教师的不足，以促进学生、教师的长远发展，满足国家长远发展的需求。

（4）形成初步基础性理论，便于交流学习。能够在初中物理课堂落实学生能力的培养方面，在教学设计与实施环节形成初步的基础性理论，有助于物理教师在该方面的学习、交流和实践。

二、相关领域国内研究的现状

关于"初中物理课堂落实学生能力培养"，国内有学者在进行研究，也有相关文章呈现。但他们的研究都是仅针对某一方面能力培养的研究，关于初中物理课堂综合关注多方面能力培养方面的研究少之又少。例如，学生实验能力的培养、初中物理复习教学中培养学生问题解决能力、初中物理课堂教学中培养学生的创新能力等，这些研究也仅是从学生角度寻求解决问题的途径和方法，但是从教师培养的角度解决本问题的研究基本没有。

本课题研究的重点在于：教师主要以课堂教学的形式进行工作，这就决定了初中物理教师在不同知识内容的课堂教学中，或在教学即时生成的教学机遇中，会遇到培养学生不同方面能力的机会，而教师不仅仅要关注某一方面能力的培养，也要有能力驾驭这样的契机，充分发挥，使课堂教学在人的培养方面产生巨大的作用。

本课题就是从教师培养的角度研究解决问题的。我们认为，课堂教学是师生双方的行为，单从学生方面着手可能无法理想地解决问题，若从教师能力提升方面进行配合，可能会更为有效地解决这个问题。因为如果教师在专业技能、教学智慧方面得到了提升，就能够在物理课堂教学设计中更好地规划、安排相关的环节，课堂实施过程中更易把握住一些有利于学生多方面能力培养的教学契机。在合适的时机中运用更多资源开展教学活动，以达到传授物理知识的同时，又培养学生多方面能力的目标。达到"寓教于无形"这一境界。

三、总体框架和基本内容、拟达到的目标

1. 总体框架和基本内容

本课题项目以主持人牵头，参与成员中有县教育局教研室的两位主任，他们擅长教师专业成长和课堂教学技术领域的研究，他们作为本课题研究的顾问，为研究提供了强有力的指导和技术支持。除此之外，还有本县9位（有一位老师因休产假退出课题组）一线的物理学科骨干教师，他们擅长初中物理教学实践，有丰富的课堂实操经验，是本次研究的中坚力量。

本课题项目以行动（实践）研究为主，通过前期有目的的了解学习和研究，对有关内容的认识进一步提升，对"学生在物理学科学习中能力培养内容的界定""学生多方面能力培养的条件、特点、规律"等问题有更为全面的了解和理解。然后，由课题组教师在物理学科现实教学中进行尝试、研究、实践，在有关内容的教学设计与实施上，为如何提升教师的技能和技

巧，积累一些有价值的教学案例。能够在初中物理课堂落实学生能力培养方面，在教学设计与实施环节形成初步的基础性理论，便于物理教师在该方面的学习、交流和实践。

2. 拟达到的目标

通过本课题项目的研究，拟达到的总体目标：

（1）在初中物理课堂教学中，使学生的学习方式、教师的教学方式得到更好的改善，学生综合素质得到较大提高；提高教师的教育科研实践水平，提高教师的科研能力，推动教师由学科教师向科研教师转变。

（2）通过参与课题研究，促进物理教师把先进理念进行落实，变为效益；关注常态化的教学改革，为中学物理教学改革注入新的活力；促进物理教师的专业成长，实现山区物理教师专业发展的区域推进。

（3）通过课题研究，在培养学生多方面能力的教学设计与实施上，找到一些有效的做法，教师形成一定的技能和技巧，达到在传授物理知识的同时，又培养学生多方面能力的目标。

拟达到的年度目标：

（1）在2016—2017学年度，课题参与者完成阶段性的小论文、课例等小范围的阶段性成果，主持人或课题组完成课题研究中期报告。

（2）在2017—2018学年度，课题参与者完成一定数量的小论文、课例等成果，主持人或课题组完成课题研究结题报告。

四、拟解决的关键问题、拟突破的重点及主要创新之处

1. 本课题研究拟解决的关键问题、拟突破的重点

本课题研究拟解决的关键问题是：课题参与教师能对"学生在物理学科学习中能力培养的内容"做出准确的界定；课题参与教师能对"不同能力培养的条件、特点、规律"有较深入的理解；课题参与教师能从更高的高度对"学生能力培养的课堂有效行为"进行思考，并有效实施。

本课题研究拟突破的重点是：怎样帮助、促使我们的课题参与教师在专业技能和教学智慧方面有大的提升，以支持课题参与教师在学科教学中进行尝试、研究、实践；在多方面能力培养上，进行有效设计与实施，积累一定

的经验，形成值得借鉴的教学案例和基础性理论。

2. 本课题研究主要创新之处

（1）参与课题研究的形式灵活，使课题研究效果更好。一种方式是真正意义的参与者，邀请本县9位一线的物理学科骨干教师加入，他们擅长于初中物理教学实践，有丰富的课堂实操经验，是本次研究的中坚力量。本课题项目以主持人牵头，参与成员中有县教育局教研室的两位主任，他们擅长教师专业成长和课堂教学技术领域的研究，作为本课题研究的顾问，为研究提供强有力的指导和技术支持。

另一种方式是县域内的其他初中物理教师，可以以课题项目学习模仿者的身份，模仿本课题的程式，以校级课题立项开展相同的研究（例如，广宁县××中学初中物理课堂落实学生××能力培养教学设计与实施的研究），我们课题组将给予相关技术层面的指导与支持，相关的研究成果也可以纳入本课题成果中。

（2）课题研究问题的角度转换，能更有效地解决问题。本课题项目不再按习惯从学生的角度、从单一的某方面解决能力培养的问题，而是从教师培养提升的角度研究解决问题，并且同时关注学生不同方面能力的培养（只要学科教学过程中存在实现的契机），这样从教师能力提升方面进行配合，会更好地解决这个问题。

五、本项目的研究步骤和计划

1. 总体规划

基于课题项目组实际条件，课题研究工作的开展主要从以下三个层面进行整体规划。

（1）主持人层面。主持人在课题项目研究工作中，负责规划设计、统筹整个课题研究工作，并根据研究进程和成员需求为成员的研究提供指导和帮助；研究掌握县域内初中物理教师课堂对学生能力培养问题的状况；研究初中物理课堂落实学生能力培养中共性的条件、特点和规律；针对初中物理课堂各种学生能力培养中某些点做精准、深度的研究。

（2）课题组成员层面。主持人组织成员在各自学习研修、交流的基础上，确定"本课题可以研究的内容"，并综合考虑每个人的个性特点及所在学校的实际条件，确定各成员的研究主攻方向。为保证研究的质量，各课题成员侧重自己擅长的某一方面能力培养进行重点研究，但不能把研究内容完全割裂。课题研究形成成果的过程如下图所示。

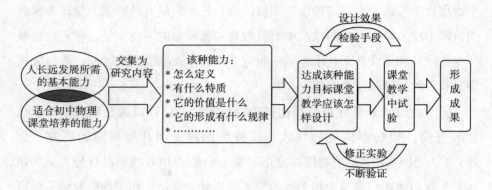

课题组各成员参照上图的研究流程设计，研究、实践初中物理课堂落实学生能力培养教学设计与实施的有效做法。参考完整教育科研课题程序独立进行个人层面的研究，完成课题研究方案（计划）、中期报告、结题报告等程序性材料，形成案例、论文等研究成果。整个研究过程要特别注重相关资料的积累和整理。

（3）技术保障层面。多途径获取有助于本课题项目研究的资源，充分发挥其价值，从技术层面保障课题研究工作的有效开展。作为县物理教研员的课题主持人，可以为课题项目研究开展带来更多的便利。主持人作为肇庆市第二批中学名师培养对象，可以充分发挥培养单位（广东省第二师范学院）为每个培养对象配备的理论导师和实践导师的作用，课题项目研究可以得到更高水平教育科研人员的指导。所有这些条件，都为本课题项目的研究带来了技术方面强有力的保障。

2. 主要研究过程

（1）准备阶段。收集、分析、了解国内外中学物理课堂对学生能力培养的一些观点和事例，通过分析这些事例，对"学生在物理学科学习中能力培养的内容""不同能力培养的条件、特点、规律"等有更深入的理解。对全县中学物理学科教师进行"有关课堂对学生能力培养问题了解状况"的问卷调查；拟定课题研究方案，召开课题项目开题会，听取专家、同行的意见，修改完善课题研究方案。

向课题组成员提供第一个课题研究学习资源包。要求大家思考现在物理课堂教学的状况或问题、应该向哪个方向调整、教师可以做些什么等问题，为课题研究工作的开展做准备。建立如下图所示的思维模型，从而得出本课题项目研究的有效内容，以确保课题研究内容方向的正确性。

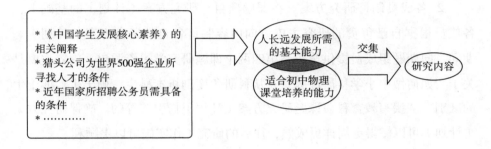

（2）实施阶段。

① 确定各成员研究内容主攻方向。向课题组成员提供第二个课题研究学习资源包。课题组成员在各自学习研修的基础上，独立整理出"人长远发展所需的基本能力""适合初中物理课堂培养的能力"和"本课题可以研究的内容"，并向课题组提出个人研究主攻方向的意向。收集汇总后，经课题组成员交流研讨，确定以下九种能力为本课题项目研究的内容：物理阅读及提取信息能力、独立观察及发现能力、物理建模能力、物理逻辑思维能力、应用数学知识解决物理问题能力、合作与交流能力、独立解决物理问题能力、实验创新能力、动手操作能力。主持人综合考虑每个人的个性特点及所在学校的实际条件，确定各成员研究主攻方向的内容，各成员研究主攻方向内容安排见下表。

序号	能力名称	承担人
1	物理逻辑思维能力	毛钟波
2	物理建模能力	邱奕照
3	独立解决物理问题能力	康益玲
4	独立观察及发现能力	伍金飞

序号	能力名称	承担人
5	实验创新能力	程世强
6	合作与交流能力	龚玉梅
7	物理阅读及提取信息能力	陈健芳
8	动手操作能力	李新媚
9	应用数学知识解决物理问题能力	程卓华

② 各成员制订研究方案。在课题项目总研究方案（计划）的基础上，各成员根据自己负责的研究主攻方向内容制订各自的研究方案（计划）。期间，向课题组成员提供第三、第四两个课题研究学习资源包。内容主要是关于"如何做中小学科研课题""从科研角度剖析本科生、硕士生、博士生的区别""撰写教育科研课题研究方案（计划）指引"等的。确保研究方案（计划）可以做得更周详更成熟，往后的研究工作实施可以更顺利。

③ 研究实践。各成员根据自己制订的研究方案（计划），研究、实践在物理课堂落实学生能力培养教学设计与实施的有效做法，并完成过程资料的收集和保存。主持人完成对县域所有物理教师进行"初中物理教师课堂对学生能力培养问题了解状况"的问卷调查和分析报告；针对初中物理课堂各种学生能力培养中某些点做精准、深度的研究，并把收获与成员交流共享；根据研究进程和成员需求，为大家提供中期报告、论文和教学案例写作方法、微课制作等学习资源和指导（第五个课题研究学习资源包）；根据需要，组织课题中期交流、课堂教学研讨、中期总结交流、阶段成果交流等研讨交流活动；利用本职工作通过电话、QQ、微信等途径，为成员提供相关的学习资源和基本的培训，课题成果整理、提炼、指导等帮助，解决成员研究中遇到的问题，保障课题组成员的研究顺利进行。同时，课题主持人及成员完成数篇教学课例、论文和课题研究中期报告等过程性材料和不同形式的阶段性成果。

（3）结题阶段。主持人为课题的结题做好规划，召开结题工作安排会议，为课题组成员提供"省重点课题资料收集整理规划"；向课题组成员提供第六个课题研究学习资源包，内容主要是关于"如何撰写结题报告、如何进行结题资料整理"；指导各成员完成各自课题成果的提炼和研究过程资料的整理。课题主持人完成相关成果的提炼、撰写课题研究结题报告，完成整个课题结题材料的整理和课题结题申报工作。

3. 主要研究方法和手段

（1）行动研究法。这是本课题项目最主要的研究方法。研究前制订计划；研究中实践计划；研究后观察效果，反思教学活动，改进教学活动。每一次研究都包括计划、实践、观察、反思这四个环节。该方法适用于课题研究的准备阶段与实施阶段。

（2）文献研究法。利用现代信息网络手段广泛收集国内外相关研究成果，学习的资源，以支持本课题研究的开展，既避免重复研究，浪费资源，又可以保证课题研究的高起点和课题成果的高质量。

（3）案例研究法。案例研究法是指在教师记录课题研究过程中的各种典型案例，并对其进行分析、反思。该方法适用于课题研究的实施阶段。

（4）调查法。调查法是指运用采访、座谈、问卷、一般统计等方法，了解掌握课题研究情况。该方法适用于课题研究的全过程。

4. 研究进程计划

（1）2016年7月—2016年12月，收集、分析、了解国内外中学物理课堂对学生能力培养的一些观点和事例，完成研究方案。

（2）2017年1月—2017年6月，完成广宁县初中物理课堂落实学生能力培养教学设计与实施现状的调查及报告（调查报告）。

（3）2017年1月—2017年12月，研究、实践广宁县初中物理课堂落实学生能力培养教学设计与实施的有效做法，并完成课题研究中期报告（案例、论文、课题研究中期报告）。

（4）2018年1月—2018年12月，研究、实践广宁县初中物理课堂落实学生能力培养教学设计与实施的有效做法，并完成课题研究结题报告（案例、论文、课题研究结题报告）。

（5）2016年9月—2018年12月，在不同阶段，为课题参与者提供相关的学习资源和基本培训。

六、本项目研究的保障条件

1. 人员、技术方面的保障

作为县物理教研员的课题主持人，可以为课题项目研究的开展带来更多的便利。主持人作为肇庆市第二批中学名师培养对象，可以充分发挥培养单位（广东省第二师范学院）为每个培养对象配备的理论导师和实践导师的作用，课题项目研究可以得到更高水平教育科研人员的指导。本课题项目由县教育局教研室的周卓文、邓文新两位主任直接参与，他们擅长教师专业成长和课堂教学技术领域的研究，作为本课题研究的顾问，可以为研究提供强有力的指导和技术支持。再加上本县10位一线的物理学科骨干教师，他们擅长初中物理教学实践，有丰富的课堂实操经验，是本次研究的中坚力量。所有这些条件，都为本课题项目研究的开展带来了人员、技术等方面强有力的保障。

2. 科研经费的保障

省划拨的3万元课题项目科研经费已经到位，加上县教育局的相应支持，课题项目开展研究所需经费已经得到应有的保障。

七、本项目的预期研究成果

本课题项目的预期研究成果主要以调查报告、研究报告，教学案例、课例，论文等形式呈现。到研究工作结束时，目标是要在正规物理教育专业期刊发表论文4篇，其中1篇要在核心期刊发表；完成和课题主题内容相关的教学案例、教学设计等共10篇。

广东省教育科学规划项目中期检查报告

项目名称	广宁县初中物理课堂落实学生能力培养教学设计与实施的研究		
项目负责人	杨庆辉	所在学校	广宁县教育局教研室
最终成果形式	研究报告、论文	项目批准号	2016ZQJK028

一、研究工作进展情况

1. 具体工作

本课题项目于2015年8月完成网上平台申报，经广东省教育科学规划领导小组批准同意立项，2016年7月收到正式立项通知，2016年12月课题资金到位。为此，"广东省教育科学研究项目申请书"中初步计划的研究工作均往后顺延。课题组正式开展研究工作以来主要进行了以下具体工作

时间	内容
2016年7月	为方便开展课题研究工作，建立课题项目QQ群"2016广东省物理课题组"、微信工作群（广宁物理人），建立多种高效交流、联系的途径
2016年8月	根据实际情况，重新修订项目申请书中的研究工作步骤和计划部分，做好课题研究的前期准备工作；向课题组成员提供第一个课题研究学习资源包
2016年9—10月	9月8日，在广宁县实验学校正德楼传统文化学堂召开课题开题会。9月18日，向课题组成员提供第二个课题研究学习资源包。10月19日，向课题组成员提供第三个课题研究学习资源包。对课题组成员进行"关于课堂对学生能力培养问题了解状况"的问卷调查；通过前一段每个人的研修，从"人长远发展所需的基本能力、适合初中物理课堂培养的能力、本课题可以研究的内容"几个角度研讨，最后筛选出有研究价值且适合我们研究的几个方向；成员构思各人的研究方案（计划）
2016年11—12月	11月7日，向课题组成员提供第四个课题研究学习资源包。为更有利于课题研究的开展和取得成果，综合考虑每个人的个性特点及所在学校的实际条件，确定各成员研究主攻方向的内容，但要求每个人不能把研究内容完全割裂；指导、协助各成员制订各自的研究方案（计划）；根据各成员主攻方向的内容，为每个人提供相应的资源和帮助

时间	内容
2017年1—12月	各成员按自己制订的研究方案（计划）开展相关研究和实践。 6月9日，组织课题中期交流活动，成员对课题研究工作做回顾和交流。 9月6日，组织与课题研究主题相关的课堂教学研讨活动。 9月19日，完成论文《上好初中第一节物理课的价值》的撰写，将在2018年1月第2期《中学物理》杂志上发表。 11月2日，完成论文《从教育的本义再看山区义务教育阶段物理课堂教学》的撰写，已向杂志社投稿，正在审稿中。 12月29日，在新城小学开展课题中期总结交流活动，对成员进行"关于撰写教研论文、教育教学案例""微课制作"的专题培训。 为各成员提供"省重点课题资料收集整理规划（初步）"，各成员完成各自的课题中期小结
2018年1月	形成部分阶段性成果及完成课题中期检查报告

2. 重点推进

课题项目正常开展研究工作后，整体工作着重从以下几方面推进：

（1）科学设计规划，使研究工作有序、高效。对课题项目研究工作既有长期的总体规划，也有分阶段的短期指引，一切都是为了课题研究工作的开展能有序、高效。

前期对课题组成员进行"关于对学生能力培养问题了解状况"的问卷调查，完成对成员教育科研能力水平的评估，为评估完成课题项目研究后对课题组教师的影响做准备；提供有关资源，通过各成员的独立研修，从"人长远发展所需的基本能力、适合初中物理课堂培养的能力、本课题可以研究的内容"几个角度出发，发掘、筛选出有研究价值且适合课题组研究的几个内容，并确定课题组各成员研究主攻方向的内容。要求各成员研究的内容不能完全割裂，做到既有侧重点，又能兼顾整体，避免做重复研究，确保研究成效；及早为各成员提供"省重点课题资料收集整理规划（初步）"等。

（2）提供有效到位的相应支持，为研究工作提供保障。在课题项目研究的不同阶段，根据课题组成员的实际需求提供相应的资源和技术支持，解决课题组成员研究工作中遇到的困难。

向课题组成员提供四个课题研究学习资源包；根据各成员研究主攻方向的内容，为每个人提供一些相应的学习和研究资源；对各成员进行"关于撰写教研论文、教育教学案例""微课制作"的专题培训，提供研究过程性材料收集的指导；为成员发表论文、录像课制作提供经费支持等。从开始帮助成员理解现在课堂教学发展的方向，学习了解《中国学生发展核心素养》相关内容，到如何开展课题研究，如何撰写教育科研课题研究方案（计划），如何撰写课题中期小结，都提供相应的学习资源和帮助，使课题组成员更顺利地完成相关研究工作。

（3）保证及时高效的交流、沟通途径，为问题的解决提供出路。在课题项目研究开展过程中，成员之间、成员与主持人之间，保持电话、QQ、微信、电子邮件等联系途径通畅，保证了交流、沟通的实时高效。研究工作中，成员总会遇到不同形式的大小问题，更多的是通过大量的电话交流找到解决的办法。

（4）结合实际工作，有机糅合，做到日常工作、课题研究两不误。主持人和课题组成员都承担着大量的日常本职工作，为做到日常工作、课题研究两不误，就需要把两部分工作很好地糅合。

主持人充分发挥县学科教研员的身份，利用外出培训学习等机会，搜集并提供有助于本课题项目研究开展的资源，完善调整课题研究的思路，结合辖区学校常规教学教研工作视导的开展，进行课题项目研究工作的有效交流与指导；对课题组成员，要求把优课展示、录像课、论文和教学设计评比等本职工作任务与课题研究的内容很好地融合，尽量避免重复工作，减轻工作任务压力，保证有更多的时间和精力投入到课题项目研究工作中。

3. 课题项目后段研究工作的重点

课题项目后段研究工作，侧重在了解各成员研究的情况下，对成员研究过程性材料搜集整理以及成果发掘提炼的指导。计划安排如下几个活动：

（1）"阶段研究成果和研究心得交流活动"。每位成员进行一个简短的交流讲座，要做好PPT，内容由各位成员自定（最好是与自己课题研究主题相关的）。希望通过交流，让大家提炼出一些东西，与他人交流分享。

（2）组织与课题研究主题相关的课堂教学研讨活动。

（3）发掘提炼成果，研究过程材料等结题资料的收集整理。

4. 课题项目研究工作存在的问题

课题项目研究工作开展以来，发现存在以下问题：

（1）课题项目参与者基本都是所在学校的骨干，承担着大量本职工作，从而影响在课题研究上时间和精力的投入，也影响着课题研究的效果。

（2）课题项目参与者科研水平与能力起点偏低，研究手段较单一，缺乏更多高水平专家的支持与指导，影响课题研究的效果。

（3）课题项目参与者工作状况的变动影响着课题研究的效果。课题组成员因生二胎休产假、到外校轮岗支教、岗位调整等情况的出现，影响了研究工作按原计划进行，这是原来规划时没有预料到的。

（4）课题项目资金使用管理不够灵活，制约了课题研究工作的开展。课题资金纳入主持人所在单位管理，完全按所在单位日常工作活动性质要求管理执行，为课题研究工作的开展带来了一定程度的制约。（毕竟课题项目研究工作与单位日常工作活动性质存在差异。）

（5）课题项目研究工作开展过半，部分成果需要向刊物投稿发表，但各优质刊物审稿周期较长，一般需3～6个月，可能无法赶在结题前有结果。

5. 课题项目研究经费使用情况、能否按时完成研究工作

课题项目研究从2016年8月开始至今，经费开支严格按照相关管理规定执行，课题资金开支约1万多元，约占总经费的三分之一。

课题项目研究工作从开始至今，基本都在按预期计划进行，也基本能达到预期的效果，但因为课题实际开始研究时间后推，参与者日常工作量都很大，结题材料整理也需要较长时间，所以预计完成结题材料递交会推迟到2018年12月。通过全体课题项目参与者的努力，相信课题是可以在计划时间内完成，并获得相应的成果的

二、1～2项代表性成果简介

2016ZQJK028课题项目经过课题组全体成员的深入研究，课题研究收获了不同形式、不同程度的阶段性成果，还有更多的成果在酝酿和进一步完善中。

2017年11月，完成论文《从教育的本义再看山区义务教育阶段物理课堂教学》的撰写，已向杂志社投稿，正在审稿中；

2017年12月，完成论文《关于初中物理老师课堂对学生能力培养问题了解状况的调查报告》的初稿。

各课题组成员完成一定数量的教学课例、案例分析等。

2016ZQJK028课题项目组
2018年1月10日

科研管理部门审核意见：

下 篇

成果展示

上好初中第一节物理课的价值

杨庆辉

在经济、教育欠发达地区的一所乡镇中学，笔者有幸参加一个"名师大课堂"的教研活动，其中有一节内容是粤教沪科版八年级上册"1.1希望你喜爱物理"的示范课，觉得很有价值，值得与各位同行交流分享。

一、主要环节

流程主要环节	教师活动	学生活动
（一）引入	自我介绍；新学年增加了新学科——物理，大家会迫切想知道，学什么，有用吗，难学吗	学生聆听
（二）活动1	今天给大家一个机会考考老师	请学生口头描述某个事件或现象
	简要分析并指出学生口头描述的事件或现象中涉及的物理知识	
	物理无处不在，物理就在你我身边	
		阅读教材P3倒数第2段，了解"物理学定义"
	对"物理学定义"做解释（重点：关键词）；提问教材图1-1、图1-3属于哪方面的物理现象？	
（三）感受物理学对社会发展的推动作用	以PPT的形式介绍展示我国交通发展的历史	学生聆听
		阅读教材P4～P6"物理学推动了社会的发展"
	教师巡视，并和有需要的学生个别交流	

续 表

流程主要环节	教师活动	学生活动
（四）活动2："吸气也能吹胀保鲜袋"	学生从已有经验确认事实：吹气能吹胀保鲜袋	学生聆听
	教师提出：吸气也能令保鲜袋胀起来	思考，产生认知冲突
	展示活动2所需装置	学生观察
	演示：提示看变化，然后吸气令保鲜袋胀起来	
	提问看到什么，让学生描述	学生口述观察到的变化
	提问：为什么会产生这样的变化？	学生思考，然后表述
	对学生的表述及分析进行整理，并规范	学生聆听并思考理解
	分析观察的程序，总结过程模型化处理等技能	
（五）结合"物理学定义"和活动2了解物理学习的一些特点	布置独立阅读教材P6～P7"物理学的召唤"的任务，尽量理解黑体字内容，有想交流的可与同桌小声交流	阅读教材P6～P7"物理学的召唤"，理解相关内容，并按需要进行交流
	结合"物理学"定义和活动2讲解学习物理的一些特点（黑体字的内容）	
（六）活动3："吹纸条"	柳枝会随风而动，纸条会随风而动。教师展示向纸条吹气，纸条随风而动	学生聆听，观察
	如果把两纸条垂直靠近，从两纸条中间沿纸条方向向下吹气，想想会怎样？动手试试，并思考	学生操作、观察、思考、同学间交流
		让学生分享表述自己的分析
	对学生的表述及分析进行整理，并规范	
（七）小结	知道物理学定义；观察的程序；物理学习的一些特点	

二、价值所在

在该"名师大课堂"教研活动的交流环节中，参与教师对该示范课的综合评价很高。在学生接触物理的第一节课，能使学生对物理产生强烈的好奇心并激发其学习的兴趣；能通过模仿为学生完成自主学习搭建扎实的脚手架；能关注落实物理学科能力和物理基本技能的培养；能让学生体验物理学习的基本程式。教师巧妙设计教学过程，充分展示了优秀物理教师的深厚功力，很好地体现了初中第一节物理课的价值。

1."使学生对物理产生强烈的好奇和兴趣"这一教学目标落实十分到位

教师通过师生交流互动的活动1，让学生感受到物理就在他们身边，物理应用无处不在的事实；通过介绍展示我国交通发展的历史，以学生从未体验过的方式，让感受物理巨大的作用与价值；通过下图以教师为主的活动2"吸气也能吹胀保鲜袋"，让学生由产生认知冲突到观察、思考、理解，切身经历和体会了解决疑惑后的愉悦和满足感。所有的这些，给了学生从未有过的触动和感受。并且，教师所有的讲解和分析，均从第一节物理课的实际出发，没有过多的专业语言和名词，符合学生的认知水平和思维起点，使学生感受到物理来源于生活，对物理的作用与价值产生深刻认识，并对物理产生强烈的好奇心与兴趣。

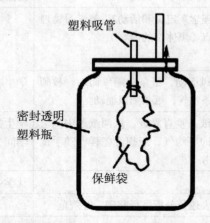

塑料吸管

密封透明
塑料瓶

保鲜袋

2.为学生通过模仿完成自主学习搭建扎实的脚手架

现在的课堂教学理念，十分认可学生自主学习的价值。但有效的自主学习也有必要的前提条件，也需要教师给予一定程度的指导和帮助。本节"名师大课堂"示范课，教师在多个环节为学生通过模仿完成自主学习做了充分铺垫。在"感受物理学对社会发展的推动作用"的 环节，教师梳理了交通发展的历史（见下图），让学生从中感受物理学对社会发展的巨大推动作用。

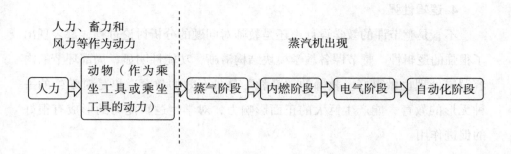

这其实是一种示范，然后安排学生阅读教材P4~P6"物理学推动了社会的发展"，即培养学生通过模仿学会自主学习。同样的巧妙安排在活动2"吸气也能吹胀保鲜袋"和活动3"吹纸条"中也有体现。活动2是物理学习基本程式（见下图）的示范，活动3培养学生通过模仿这种基本程式学会自主学习。这就为学生更顺利、有效地完成自主学习提供了保障。

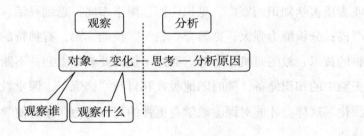

3. 课堂重在关注学科知识以外的价值，落实物理学科能力和基本技能的培养

课堂教学的价值，不仅仅在于获得学科知识，更在于落实物理学科能力和物理基本技能的培养。本节示范课，教师在多个环节为落实物理学科能力和物理基本技能的培养做了很大的努力。在活动1中，教师对学生描述事件或现象的分析，就是分析过程的一种展示，再加上活动2师生共同经历了"观察—思考—建模—分析—理解"的过程，学生对"观察、建模、分析"等物理方法与技能有了大概的了解，也是落实物理学科能力和物理基本技能培养的有效做法。在活动3中，学生亲身参与活动过程，是对"观察、建模、分析"等物理方法与技能培养的实践与落实。

4. 逻辑性强

不管是整节课的教学设计，还是教师对问题的分析讨论过程，都表现出了很强的逻辑性。整节课各教学模块结构清晰，功能性明显，局部环节的内容逻辑处理也做得好。教师的"身教"是最有效的教育，更是对学生的一种无形的教育，能产生巨大的正面影响力，对学生逻辑能力的形成有很好的促进作用。

三、启示

通过这样一节在经济、教育欠发达地区乡镇中学的名师示范课，除了为物理教师带来值得学习的优秀范例，还给我们物理同行以更深刻的启示。

1. 教师个人专业素质很重要

要想成为一位优秀的中学物理教师，重要的是具备过硬的专业素质。专业素质包括知识面宽广、见识广博、博学多闻；思维灵活、敏捷，逻辑思维严谨；分析能力强大；"教育、教学"技能娴熟，有独特的教的技巧，把握教的技术、教的时机；等等。而这一切需要教师做到：不断学习积累，更新头脑中的知识储备，随时随地吸收和自我"修炼"，课堂教学的效果进一步深化。这样，才能对课堂教学有更强的驾驭能力，才会使学科教学有更大的价值。

2. 课堂教学要致力于落实物理学科能力和物理基本技能的培养

课堂教学，不要只关注学科知识的传递，更重要的是落实物理学科能力和物理基本技能的培养。这与国家提出的落实学生科学素质和物理学科核心素养的培养相一致。作为物理教师，要形成这样一种理念：能力和技能是可以在课堂教学中培养的；只有深层次经历过程，"能力和技能"才有可能内化形成；在长期的物理学科学习中，需要不断"重复"强化这些"能力和技能"。因此，教师要善于设计、开展有效的课堂学习活动，科学合理安排课堂教与学的活动，才能达到"寓教于无形"的境界。

3. 课堂教学要关注落实学生自主学习的方法、能力的指导和培养

学生自主学习，并不是教师放任不管。学生自主学习的方法与能力不是生来就有的。有效的自主学习，也有必要的前提条件，也需教师给予一定程

度的指导和培养。而学生自主学习的方法、能力的指导和培养也有很多的办法与技巧，很多教师都忽视了这方面的研究与修炼，结果造成学生的学习效果不理想。

（本文在2018年1月第2期《中学物理》杂志上发表。）

基于资源管理及关键能力培养的教学设计

——以"神奇的压强"章复习课为例

杨庆辉

教学设计是课堂教学实施的蓝图，教学设计是否符合教育教学规律、是否科学合理将直接影响课堂教学的效果。课堂教学设计能够直接体现一位教师的教育教学水平、教育教学价值取向和教育教学思想。一个地级市中小学为培养教师，举行了中学名师培养对象进校示范带学活动，有一节内容是粤教沪科版初中物理"神奇的压强"章复习示范课。该示范课很好地从课堂资源管理能力、逻辑思维能力及分析能力三种关键能力培养的角度进行教学设计，并能在课堂中很好地落实。在此把该课与各位物理同行分享交流。

【教学目标】

（1）通过思维导图构建本章知识框架，使零碎知识系统化。

（2）通过有关实例和对题目的分析理解，重点掌握压力等于重力、改变压强大小的方法、液体内部压强中深度的理解等几个易错内容。

（3）通过有关实例、题目的分析及解题体验，初步体会物理建模的过程和应用，初步体验物理的分析方法、思维方式。

【教学重难点】

本学时重点在于教学几个易错内容和重点内容，通过在课堂中体会物理建模的过程和应用，让学生体验一些物理的分析方法、思维方式。

本学时难点在于学生能否真正理解几个易错内容和重点内容，能否对物理建模的过程和应用、一些物理分析方法、思维方式有初步的认识。

【教学准备】

教学设计、PPT课件、多媒体教学平台；编印用于本章知识梳理的16道填空题，提前一天发给学生预习；为方便学生梳理知识和提高课堂效率，编印如下图所示的思维导图框架。根据教学重难点，编印10道题目在课堂上练习，题型有选择题（7道）、填空题（1道）、作图题（1道）和计算题（1道）。思维导图框架和课堂练习题在课堂上提供给学生。

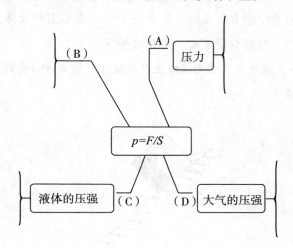

【教学过程】

1. 引入

同学们大家好，学期即将结束，这节课我们复习第八章的内容。

2. PPT展示

16道填空题答案、学生独立核对、教师不做点评。（1～2题共2分钟）

3.（A）的内容

（1）定义（关键词）：垂直、物体表面、力。

（2）压力是否都由重力产生？

练习1：如图（a）、图（b）所示，重物A重6 N。图（a）的A静置于水平桌面上。图（b）用10 N的力把A垂直压在竖直的墙面上不动。请画出桌面和墙面受到压力的示意图。

51

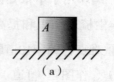 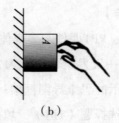

（a）　　　　　　（b）

小结：重力是地球吸引而产生的，压力是物体互相接触并挤压发生弹性形变而产生的；如图（b）所示，只有在水平支持面上的物体，对支持面的压力才等于重力。特殊情况不能代表所有情况。

练习2：如下图所示，重物A静止在斜面上，请画出A受到的重力和斜面受到压力的示意图。

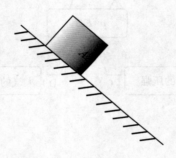

（3）压力的作用效果。（3题共5分钟）

4.（B）的内容

改变压强大小的方法。（4题共6分钟）

理论分析：由$p=F/S$得，F一定时，S变大（小），p变小（大）；S一定时，F变大（小），p变大（小）；一般情况下，F变大（小），S变大（小）无法确定，但特殊情况可确定（如练习4）。

练习3：动物的进化会使它们的身体结构和功能更适应环境，下列用压强知识解释错误的是（　　　　）。

A.啄木鸟的喙又尖又长——减小受力面积，增大压强，有利于摄食

B.狗的犬齿很尖——减小受力面积，增大压强，有利于撕咬食物

C.鲫鱼的身体呈梭形——增大受力面积，减小压强，有利于水中游行

D.骆驼的趾特别宽大——增大受力面积，减小压强，有利于沙漠行走

练习4：水平桌面上有一个质量均匀且为m的长方体木块，木块与桌面的接触面积为S，则木块对桌面的压强$p_1 = $ _____。如下图所示，将木块沿竖直方向切掉一部分，则剩余部分对桌面的压强p_2 _____ p_1（填">""<"或"="）。

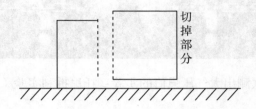

5. (C)的内容

（1）产生原因。

（2）液体内部压强的特点。

小结： 找对h（深度h是指液面到该点的距离）。

练习5：完全相同的a、b两个烧杯装同种液体，如下图所示，距离杯底同一高度有A、B两点，则A、B两点压强p_A、p_B的大小关系为（　　）。

A. $p_A < p_B$　　　B. $p_A > p_B$　　　C. $p_A = p_B$　　　D. 无法判定

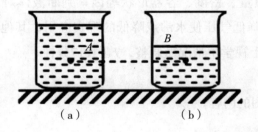

（a）　　　　　　　（b）

理论分析： $p = F/S = \rho_液 gh$；特点：液体内部各个方向都有压强，并且在同一深度各个方向的压强相等；液体内部的压强跟深度有关，深度增加，压强增大；不同液体内部的压强跟液体的密度有关，在同一深度，密度越大，压强越大。（实验在下一课时做）

（3）连通器。（5题共6分钟）

6. (D)的内容

（1）产生原因。

（2）两个著名实验。

实验一，证明大气压存在：马德堡半球实验（见下图）。

实验二，首次测出大气压强值的实验：托里拆利实验（见下图）。

玻璃管中装满水银　　将玻璃管倒立在水银槽中　　水银　　760 mm　大气压　真空　真空　大气压

（a）　　　　　　　（b）　　　　　　　（c）

（3）大气压的大小、单位、变化规律等。

（4）液体沸点与气压的关系。（6共6分钟）

练习6考虑质量、密度、容器形状等因素判断液体对容器底压强的大小；练习10关于降低气压使水沸点降低的现实应用；其他练习这里不做详细介绍。（课堂上视学生情况做调整，7题共17分钟）

7. 小结

板书思维导图的内容。

8. 作业

（1）根据思维导图框架整理出本章复习内容的笔记。

（2）重新思考本章课本中所有课后习题，不会做的要用作业本重做。

（3）预习本章课本中出现的所有实验。（8～9题共2分钟）

【板书设计】

复习课：第八章《神奇的压强》

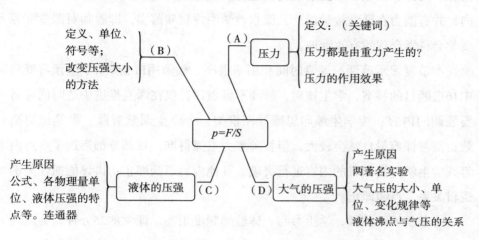

【课后反思】

这节课让我深刻感受到深入了解学生的重要性。因为是借班上课，对学生情况了解不深，所以课堂容量偏大，个别环节时间把控不太理想，学生参与课堂的个体覆盖面还不够广。考虑科学分配资源，重点解决易错内容、重点内容，关注思维能力、分析能力培养的意图十分明显。

【教学分析】

粤教沪科版初中物理第八章"神奇的压强"的章复习，授课教师计划安排两个课时，本示范课是第1课时。第2课时规划是完成本章实验的复习，针对学生存在的问题进行补漏，然后进行相应习题的强化训练。在本课时，授课教师很好地从课堂资源管理、逻辑思维能力及分析能力两种关键能力培养的角度进行教学设计，并能在课堂中很好地实现，充分展示了一位优秀物理教师的教育教学水平、教育教学价值取向和教育教学思想。

1. 课堂资源管理科学到位，让学生最大化享用有限的课堂资源，使资源的教学效益最大化

一节课只有45分钟，各种课堂资源总归是有限的。例如时间、有效锻炼参与者思维的机会、能够出现的例题习题数和分析问题的次数，等等。就如一家三口吃一个蛋糕，有人吃多了，必然会有人吃少了。同理，教师占用课堂资源多了，学生能用的自然少了。如何在课堂上让学生最大化地享用有限的课堂资源，使教学效益最大化，这需要授课教师有正确的教育教学价值取向，并有能力在课堂教学设计、课堂教学中规划和落实，即教师对课堂资源要学会科学合理的有效管理。

本节复习示范课，课堂时间利用率很高。教师用PPT展示学生预习资料中16道题目的答案，学生核对，教师不做点评，仅在课堂推进中适时回应需要强调的内容；为学生编印思维导图框架，令学生课堂听课、做笔记更高效；复习课容量自然会较大，但教师着力点抓得准，每部分都筛选了重点内容或学生学习有困难的内容进行突破，其他内容点到即止；讲评能抓住关键逻辑关系，点明即止。

本节复习示范课，学生参与、体验的频度很高。课堂前25分钟，为解决几个易错内容和重点内容而安排的5个练习题，都是在学生的展示和师生的讨论中完成的；10道课堂练习，根据课堂巡视反馈选择点评的4道题，也是在学生的展示和师生的讨论中完成的。保证，学生参与和课堂体验最大有效时长。

2. 充分挖掘安排有效环节，使学生关键学科能力得到有效培养

人的逻辑思维能力以及分析能力的形成极为重要，甚至会影响人一生长远的发展。物理学科的性质和特点决定了其学习过程更有利于培养人的逻辑思维能力及分析能力。但要收获由这两种关键物理学科能力培养而衍生的巨大的课堂教学效益，教师必须在教学设计和实施中做得非常到位。在本节复习示范课中，授课教师就做得非常好。

教学设计符合认知规律，逻辑递进合理。在解决"压力是否都由重力产生"这个问题时，授课教师安排了练习1、练习2两道题目，这两道题有很强的逻辑递进关系，学生通过这两道题的练习能很好地厘清"压力是否都由重力产生""压力是否都等于重力"这些模糊问题；在与学生讨论练习4第二空时，引导学生从特殊情况推广到一般情况，切一半时F与S均为原来的一半，切$\frac{1}{3}$、$\frac{1}{4}$、$\frac{1}{5}$同理也成立，从而推广到任意切的情况，就很容易理解问题。

课堂分析讨论问题、评点题目，不管学生展示还是师生互动，均做到了突出逻辑关系和分析过程，让学生得到更多锻炼的机会。讲评时能抓住关键逻辑关系，点明即止。

物理建模、应用也是逻辑思维能力和分析能力有效培养的过程。在液体内部压强产生原因、连通器原理和托里拆利实验等处，授课教师均突出应用物理建模分析解决问题，也有利于学生逻辑思维能力和分析能力的有效培养。

【教学启示】

通过这样一节章复习名师示范课，充分展示了一位物理教师的能力和水平，除了为物理教师带来学习的优秀范例，还给我们物理同行以深刻的启示，同时也为我们指明了物理教师专业发展努力的方向。

1. 课堂教学设计和实施要尊重教育科学，尊重客观规律

万事万物均有其运行的规律和原则，要做好事情，就必须尊重科学，尊重客观规律，否则只能自酿苦果。由于资源的限制，我们一节课不可能安排过大的容量，也不能完成太多的教学任务，否则只能是蜻蜓点水，学习深度不够。本课时因为是借班上课，这方面略有欠缺；学生的学习、教育是一个漫长、渐进的过程，不能一蹴而就，对于能力的形成，物理教师要明白：多种能力都是可以在课堂教学中培养的，并且只有主体深层次参与其中，才能逐渐内化形成；各种能力的形成是相辅相成的，逻辑思维能力的提高会助力分析能力的提升。因此，教师要善于设计、开展有效的课堂学习活动，科学合理地安排课堂中的教与学的活动，才能达到"寓教于无形"的境界，获得最大的课堂效益。

2. 优秀物理教师必须要具备一些相应的专业素质

要想成为一位优秀的中学物理教师，具备过硬的专业素质至关重要。其中关键的专业素质包括宽广的知识面、见多识广、博学多才；灵活敏捷的思维、严谨的逻辑思维；强大的分析能力；掌握一定的教育教学理论，有一定的"教育、教学"技能，懂得教的技巧，能掌握教的技术，把握教的时机，等等。而这一切需要教师做到：不断学习积累，更新自己的知识储备，在工作、生活中不断吸收新知识和自我"修炼"，提高课堂教学的功力。这样，对课堂教学才有更强的驾驭能力，才会产生更大的课堂效益。

（本文已经收到《湖南中学物理》杂志用稿通知。）

重视物理概念教学中的逻辑性

毛钟波

物理概念的学习、逻辑思维的培养在中学物理学科教学中都十分重要，教师是否重视物理概念教学中的逻辑性，并做到很好地有机融合，是教师能力和水平的一种体现，也是影响课堂教学效益的重要因素。

一、物理概念的重要性

物理概念是反映物理现象和过程本质属性的思维方式，是物理事实的抽象。它不仅是物理基础理论知识的一个重要组成部分，而且也是构成物理规律的理论基础。我们学习物理的过程，其实质就是不断建立物理概念的过程。如果概念理解不清、掌握不牢，就不可能真正掌握物理基础知识。当然更谈不上应用知识去解决实际问题。因此学好物理概念是学生学习物理的基础，更是学好物理的关键。

1. 物理概念是物理学最重要的基石

物理教师都清楚，物理学的基本内容包括物理现象、事实、概念、规律和理论等。其中物理概念是物理规律和理论的基础，因为物理规律（包括定律、原理、公式和定则等）揭示的是物理概念之间相互关联和制约的关系。例如，若没有电路、电流、电压、电阻、电磁感应等一系列概念，就不能形成电磁学；同样，若没有光源、光线、实像、虚像等一系列概念，也就无法形成光学。可见，如果没有一系列的物理概念作为基础，就无法形成物理学的体系。所以，在中学物理教学中，让学生切实理解掌握物理概念，是系统地掌握物理基础知识，进一步学习现代科学技术的基本保障。

2. 让学生透彻理解掌握物理概念是物理教学的关键

物理概念在物理学科学习中既不易教也不易学。目前中学生普遍感到物理难学（特别是刚刚接触物理的八年级学生），其主要原因就在于物理概念没有掌握好。学生忽视了对正确物理概念的理解，教师忽视了教学中学生对概念的形成和理解的落实。学生概念不清势必会越学越困难，更谈不上知识的灵活运用。事实上，能否在教师的恰当处理下，使学生深刻理解一些重要的基本概念，不仅直接影响学生对该内容的学习，而且会严重影响后续其对其物理学科全程的学习。所以，让学生透彻理解掌握物理概念是课堂教学有效的关键。

3. 物理概念教学是培养逻辑思维能力、开发智力的有效途径

学生形成、理解和掌握物理概念是一个十分复杂的认知过程。在这个过程中，学生要在物理环境中通过观察、实验获取必要的感性知识，或者用实验对结论进行检验；要运用物理学方法，通过复杂的思维过程把新事物与自己认知结构中原有的概念联系起来，通过同化或迁移来认识和理解新事物；形成初步概念以后，还要从与其他概念的比较、分析中不断加深对新概念的认识和理解。所以，引导学生形成物理概念和发展的理解，是学习物理方法、培养学生多种能力、开发学生智力的重要过程和有效途径。

物理概念是人类智慧的结晶，凝结着很高的智力价值，是培养学生思维品质、提高各种能力的优良载体。另外，在物理概念的学习过程中，学生不仅掌握了物理概念，还可以领会蕴藏其中的物理方法，体会科学精神。

二、逻辑思维

逻辑思维是人们在认识过程中借助于概念、判断、推理等思维形式能动地反映客观现实的理性认识过程，又称理论思维。它是人的认识的高级阶段，即理性认识阶段。逻辑思维能力的形成很重要，该能力的高低影响着学生理解、分析、解决问题的能力，在很大程度上决定着学生物理学习的效果，甚至严重影响着一个学生的长远发展。

1. 逻辑思维的特点

逻辑思维与形象思维不同，形象思维是用科学的抽象概念、范畴揭示事物的本质，表达认识现实的结果。逻辑思维是一种确定的，而不是模棱两可的，是前后一贯的，而不是自相矛盾的，是有条理、有根据的思维。

（1）逻辑思维要遵循逻辑规律。逻辑思维要遵循逻辑规律，这主要是指形式逻辑的同一律、矛盾律、排中律，辩证逻辑的对立统一、质量互变、否定之否定等规律。违背这些规律，思维就会发生偷换概念、偷换论题、自相矛盾、形而上学等逻辑错误，认识就会是混乱和错误的。

（2）逻辑思维具有分析性。人们进行逻辑思维时，每一步必须准确无误，否则无法得出正确的结论。我们所说的逻辑思维，主要是指遵循传统形式的逻辑规则的思维方式，常称它为"抽象思维"或"闭上眼睛的思维"。在逻辑思维中，常使用否定来堵死某些途径。

（3）逻辑思维是人脑的一种理性活动。逻辑思维是人脑的一种理性活动是指思维主体把感性认识阶段获得的对于事物认识的信息材料抽象成概念，运用概念进行判断，并按一定逻辑关系进行推理，从而产生新的认识。逻辑思维具有规范、严密、确定和可重复的特点。

（4）社会实践是逻辑思维形成和发展的基础。社会实践的需要决定人们从哪个方面来把握事物的本质，确定逻辑思维的任务和方向。实践的发展对于感性经验的增加也使逻辑思维逐步深化和发展。逻辑思维是人脑对客观事物间接概括的反映，它凭借科学的抽象揭示事物的本质，具有自觉性、过程性、间接性和必然性的特点。

2. 培养逻辑思维的重要性

（1）逻辑思维能够促进人素质的提高。逻辑思维在提高人的素质，培养其优秀品质方面有着正面的促进作用。逻辑思维是科学的，规范性很强的，很严谨的过程；这个过程需要主体有很强的毅力和恒心。所以，逻辑思维对培养人的耐心细致、客观公正、毅力和恒心等优秀品质有很好的促进作用。逻辑思维强的人，言行更具有规范性，思想更加严密，能更加确切地反映客观实际，更准确地表达思想。逻辑思维还可以使人充分体会到理性思维的力量，提高利用理性思维探求真理的意识，增强人们的自信心。

（2）逻辑思维有助于人的创新能力的培养。在现代，创新是发展的最强动力，创新成为知识经济时代的显著标志，创新教育也越来越受到人们的重视。尽管实施创新教育的措施、途径和方法是多层次、多方面的，但教育中逻辑思维的培养无疑是培养人们创新思维，提高人们创新能力的好方法。这主要是由逻辑的本质所决定的：创新源于创新思维，创新思维是逻辑思维和非逻辑思维的有机统一，创新过程实质上是逻辑思维和非逻辑思维的互补过程。而且就非逻辑思维而言，本质上是不可能脱离逻辑思维而存在的，它需要依靠逻辑思维而存在，甚至非逻辑思维是可以划归为逻辑思维的。所以，创新思维是一种以逻辑思维为基础的衍生物，是逻辑思维过程的产物。

（3）逻辑思维有助于物理学科的学习。物理是一门严谨的科学性学科，逻辑思维的培养和逻辑思维能力的形成有助于我们学好物理。当学生具备较好的逻辑思维时，将更有利于其学习理解物理知识，正确认识客观事物和物理规律；严密的逻辑思维更利于我们在学习物理中通过揭露逻辑错误来发现和纠正谬误；严密的逻辑思维有助于我们准确地表达思想。逻辑思维的培养和逻辑思维能力的形成，有助于物理学习中其他必备能力的形成，如分析能力、建模能力等。这将会令物理学科的学习收到事半功倍的效果。

三、重视物理概念教学的逻辑性

从物理教学大纲到中学物理课程标准，再到现在学科核心素养的提出，对物理概念的教学都要求重视概念的建立过程，强调物理概念教学要思路清晰。教学中要让学生知道它们的来龙去脉，真正理解其中的道理，领会研究问题的方法；学生不仅要学到物理知识的结论，更要了解知识产生和发展的过程，了解人类对自然界认识是怎样一步一步地深入的。

1. 让学生深刻感受抽象成概念的思维过程

在物理概念教学中，要努力做到让学生深刻感受体会到由物理事实抽象成概念的思维过程，这是一个逻辑性很强的过程。例如，在初学光学部分内容中光线概念的教学时，让学生深切体验如何在现实生活中大量光的物理事实的基础上，通过严密的逻辑处理，抽象出一条带箭头的直线这种合理、简洁的模型，形成光线的概念；在教学质量概念时，要学生感受这样一个思维过程：物体由物质组成—组成不同物体的物质有多少之分—质量概念。学生经历这样一个学习的过程，对逻辑思维的培养和逻辑思维能力的形成都有很好的促进作用，对物理学习也会有很大的帮助。

2. 关注物理概念教学中的逻辑顺序

初中物理教学过程除了传授物理知识，更重要的是引导学生形成科学的学习方法，因此，在物理概念教学中要十分注意教学的顺序，帮助学生形成分析问题和解决问题的能力。

例如，在学习"速度"这一概念时，首先，速度的引入，让学生用已有的生活经验去比较两个物体运动的快慢，直接感受速度的存在。例如，两个物体在相同时间内运动了不一样的路程时，我们怎样判断物体运动的快慢；物体在不同时间内运动了相同的路程时，我们又该怎样判断物体运动的快慢；物体运动时间不同，运动路程也不同时又怎样判断物体运动的快慢。学生在此过程中，学会自己寻找解决问题的办法，从而初步建立速度的概念。其次，给出速度明确的定义，即物体通过的路程与通过这段路程所用时间的比。最后，将用文字表述的速度的定义转换成用物理符号来替代；从速度表达式中顺理成章地得出速度的国际单位；理解速度的物理意义就是用来描述物体运动快慢的物理量。

学生在经历以上几个逻辑环节后，对速度概念就会有更深刻的理解。后面关于平均速度的学习，只需要教师在此基础上做出正确的引导和指点即可。物理概念教学中除了像速度这样运用比值法来定义的概念，还有其他方式定义的概念。但是，不管是哪种形式的物理概念，学生都要经历认识新概念、了解新概念、运用新概念这样一个逻辑过程。所以，教师在讲解概念的时候，一定要注意教学内容的先后顺序安排，才能更利于学生的学习和相关能力的形成。

3. 注重物理概念教学中的逻辑推导

有些物理概念和物理规律是从逻辑推导中得到的，教师要正确引导学生运用严密的逻辑推导学习物理知识或揭露逻辑错误来发现、纠正谬误，这是进行有效深刻学习的过程。这样的学习过程，不仅可以提高学生自主学习的能力，而且还可以帮助学生形成逻辑思维的习惯，能够独立地创造性地解决生活中的各种问题。

例如，在学习自由落体运动的时候，为了证明物体下落快慢与物体的质量无关，可以运用亚里士多德的推断过程来帮助学生真正理解物体下落的快慢与物体的质量无关。假定大石头的下落速度为8 m/s，小石头的下落速度为4 m/s；如果认为质量大的物体下落速度快，当把两块石头捆在一起时，大石头会被小石头拖着而减慢速度，结果整个系统的下落速度应该小于8 m/s；但两块石头捆在一起，总的质量比大石头还要大，因此，整个系统下落的速度要比8 m/s更大。这样，就与"重物比轻物落得快"的前提推断出现了相互矛盾的结论。接着再用伽利略的比萨斜塔实验，进一步证明物体下落的快慢与物体的质量无关。

初中学生刚刚接触物理，缺乏物理学知识的系统学习，难以理解和体会物理概念中所蕴含的科学思想和科学方法。因此，教师应通过自己对物理概念的理解和对教学环节的再创造，从物理概念的形成过程中去深挖科学思想和科学方法，并以更强的逻辑性、让学生更易接受的方式向他们展示，启发学生去思考和领悟。这对于提高课堂教学效率和提高学生学科素养具有十分重要的作用。

参考文献

［1］阎金铎，田世昆.中学物理教学概论［M］.北京：高等教育出版社，2003.

［2］人民教育出版社，课程教材研究所物理课程教材研究开发中心.普通高中课程标准实验教科书（物理必修一）［M］.北京：人民教育出版社，2006.

［3］黄恕伯.物理教学中如何"重过程"［J］.物理教学探讨，2004（7）.

［4］罗祖兵.从"预成"到"生成"：教学思维方式的必然选择［J］.课程·教材·教法，2008（2）.

物理建模能力在初中物理课堂教学中的有效培养

杨庆辉　邱奕照

物理教师对物理建模能力的重要性都有很深的体会。物理建模能力的高低影响着学生理解、分析、解决问题的能力的形成，在很大程度上决定着学生物理学习的效果，甚至严重影响着学生的长远发展。物理建模既是一种物理思维，也是一种物理方法，更是学习物理的一种重要手段。但是，现实初中物理课堂教学中，教师往往忽视了对学生物理建模能力的培养，从而使初中学生物理建模能力的发展有所欠缺。绝大部分初中物理教师都认为：物理建模是高中课堂教学的任务，是高中学生才需要培养的能力。其实不然：就如在初中、高中和大学，物理课堂都有学习声、光、力、热、电内容的道理一样。在初中、高中和大学不同阶段，学生都需要进行相应要求的物理建模能力培养，只是课堂处理的方式和培养要求各有不同而已。因此，本文旨在引起初中物理教师对学生物理建模能力培养的重视，正确理解其特点和规律，以便更好地在初中物理课堂教学中做到有效培养。

一、物理建模

物理是一门与生活密切相关的学科，研究的对象极为广泛、复杂。物理建模，是指为便于物理的学习和研究，撤除影响研究对象（包括物质性对象、物理现象、物理过程等）的一些次要因素，从中抽象出研究对象合理、简洁模型的过程。物理建模能力就是学生在物理学习和研究时，能够根据实际情况和需要，对现实生活背景下的研究对象，顺利抽象出合理、简洁模型所必需的主观条件。而这样的能力，既有在初中物理课堂教学中培养的可能，也有在初中物理课堂教学中培养的必要。

初中物理的学习，出现较多的物理模型是对象性模型和过程性模型。

例如，力学中的质点，光学中的薄透镜等都是对象性模型；在研究运动时，匀速直线运动、汽车突然停止或外力突然消失等都属于理想的过程性模型。对象性模型的建立，是根据研究对象的特征，从有利于学习和研究的角度出发，撤除影响研究的一些次要因素，抓住主要因素，建立能反映研究对象主要特征的合理、简洁的模型。过程性模型的建立，是根据学习内容的性质和研究问题的需要，撤除影响研究的一些次要因素，抓住主要因素，建立能揭示研究对象本质的合理、简洁的理想过程的模型。

初中物理课堂教学落实好学生物理建模能力的培养，有助于学生在物理学习和研究中对问题的分析、理解，有利于解决学习中的困难。例如，在学习完液体内部压强的特点后，建立物理模型（见下图），在水面下h处设想一边长为a的正方形平面，利用固体压强公式计算这个正方形平面上方h高的水柱对这个正方形平面的压强，从而帮助学生解决液体内部压强量化规律内容的学习；初中物理课堂教学落实好学生物理建模能力的培养，还有助于学生分析能力、逻辑能力等其他相关能力的形成。因为，建立物理模型的过程，就是一个逻辑分析的过程。

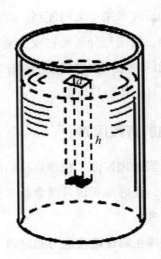

二、现实课堂中物理建模能力培养的情况

现实的初中物理课堂教学，教师往往忽视了对学生物理建模能力的培养，从而使初中学生物理建模能力的发展有所欠缺，严重影响了课堂教学的

效果和学生的长远发展。

1. 对学生物理建模能力培养认识有偏差

绝大部分初中物理教师都认为：物理建模是高中课堂教学的任务，是高中学生才需要培养的能力。更有甚者，根本没有意识到物理学习、研究过程中还有价值巨大的物理建模存在。所以，这些物理教师的课堂根本无法落实学生在物理建模能力上的有效培养，更无法收获因物理建模能力培养而衍生的巨大的课堂教学效益。

2. 课堂教学中没能突出物理建模的内容和过程

现实中，物理学习和研究经常会涉及物理建模，初中学生对这方面的认知几乎是一片空白。而教师并没有意识到物理建模内容与过程的重要性，也没有认识到初中阶段也应该进行物理建模能力的培养，课堂教学中没能突出物理建模的内容和过程。例如，在刚进入光学内容的学习时，教师会用带箭头的线条代表光进行相关的学习和研究。但大多数教师不会从物理建模的本质出发，让学生体会如何把现实中的光撇除某些次要因素，从中抽象出研究对象合理、简洁的模型——带箭头的线条，更无法让学生深刻感受到做这样的处理会给物理的学习和研究带来多大的便利。教师在课堂教学处理上没有突出物理建模的过程体验，没能充分展现物理建模在整个物理学习和研究中的地位与功能。学生不能深刻感知物理建模的存在价值，当然物理建模也就无法在学生这个主体上更好地体现其价值。

三、物理建模能力的有效培养

初中物理课堂如何恰当处理好涉及物理建模的内容和过程，有效落实对学生物理建模能力的培养，更好地实现其课堂教学价值和培养效益，物理教师可以从以下方面进行改进。

1. 重新深入认识初中学生物理建模能力的培养

教师很清楚，物理建模在物理学科学习中的地位及价值，物理建模能力的形成对人的长远发展的深远影响，但是，物理建模能力的培养并不只是高中阶段的任务，初中物理课堂教学中也应落实相应水平要求的培养任务。教师要认识到：对学生物理建模能力的培养，不同学段有不同要求，课堂教学涉及物理建模的内容时，教学设计和课堂处理要符合初中阶段学生的认知水平和学习承受力。只有教师在教学设计和课堂教学中真正重视起来，深入把握课堂学生物理建模能力培养的特点和规律，才能做到在物理建模能力培养上的有效落实，从而获得巨大的课堂教学效益。

2. 课堂中物理建模能力的有效培养

（1）要突出涉及物理建模的内容和过程，体现其价值。在初中物理课堂教学中遇到涉及物理建模的内容时，教师教学设计和课堂处理要让学生深刻体验物理建模的过程，令学生实实在在感受物理建模存在的价值，在体验中促进学生物理建模能力的逐渐形成。例如，在初涉光学内容时，要让学生透彻解释为什么和如何把现实生活中的光通过恰当处理，抽象出一条带箭头的直线这种合理、简洁的模型，并在接下来的学习中，不断体会这样建模给学习和研究带来的好处。

在处理某些物理题时，如果能建立恰当的模型进行分析，思路会更清晰，理解问题、解决问题会更高效。例如，以下题目，有学生思考时会引入诸如流量、流速这些干扰因素，会影响其寻找解决问题的方向和速度。如果能把18 kg的水当成一个整体，在4.5 s内下降100 m，形成这样一个简洁的物理模型，问题就很容易解决。

一瀑布的落差（瀑布顶端和底端的高度差）约为100 m。在0.1 s内有18 kg的水流过瀑布顶端，经过4.5 s落到瀑布底端。质量为18 kg的水从顶端落到底端的过程中，重力的功率约为多少？

物理建模过程是对研究对象本质特征的提炼，确定影响研究对象的次要因素，从而把研究对象模型化，这实质上是实施者分析能力、逻辑能力等相关能力综合运用的过程。所以，初中物理课堂教学落实好学生物理建模能力的培养，也有助于学生其他相关能力的形成。

（2）培养学生根据学习内容的性质和研究问题的需要摒弃次要因素，抓住研究对象本质特征的能力。无论是进行物理学习、物理研究，还是解答物理题目，当遇到物理建模的内容时，应当及时把握契机，充分培养学生根据学习内容的性质和研究问题的需要摒弃次要因素，抓住研究对象本质特征的能力，要让学生深刻体会在不同的物理事件中，如何解决准确分析各种因素对研究对象的影响程度，透彻理解"为什么要这样处理"和"怎么做到这样处理"两个层面的问题，从而能够在具体现实背景下，具备独立准确判断哪些可当作次要因素，哪些是本质特征的能力。这是物理建模能力培养最关键的一环。

（3）准确把握对象性模型和过程性模型的特点，课堂教学中应做到有效处理。在初中阶段，物理建模主要以对象性模型和过程性模型为主。对象性模型和过程性模型的建立，各有各的特点。因此，在课堂教学中就要根据具体情况和各自的特点，进行科学合理的设计和处理，令教学过程能够发挥最好的课堂效益。

初中出现的对象性物理模型常见的有很多，如质点、轻质杆、轻绳、光滑平面、均匀介质、质量（密度）均匀物质、薄透镜等。对于对象性模型的建立和使用，我们应该使学生习惯性地关注两方面问题：一是模型化处理，是否对当前物理背景下分析、研究结果有着不可忽略的影响。例如，分析研究火车从广州到北京行驶的平均速度，整个过程火车所做功和功率问题时，就可以忽略火车自身长度，把它当作一个质点看；分析研究火车完全通过跨江大桥的平均速度，就不能忽略火车自身长度，当作一个质点去看待。这需要学生在学习中不断积累体验，通过长期训练、培养才可具备的、准确的处理能力。二是理解模型各自特有的本质特性。例如，轻质杆、轻绳，本质是指可忽略质量（重力）；光滑平面，本质是指可忽略摩擦力；均匀介质、质量（密度）均匀物质，表示物质各部分密度均相同等。在进行物理学习和研究时不能忽略这样一些特定的隐含条件，并且要能准确把握和运用。这就需要学生通过不断经历感受类似的建模过程，形成良好的思维习惯，才能确保每次分析应用做到准确、恰当。

初中出现的过程性物理模型基本都属于理想模型，常见的有匀速直线运动、运动物体突然停止或外力突然消失、物态变化研究中均匀受热等。过程性物理模型的建立，就是对于复杂的现实问题，根据学习和研究问题的需要，建立能揭示研究对象本质的理想过程，令学习和研究可以科学地进行。这需要学生的想象能力、逻辑推理能力同步发展。牛顿第一定律的学习，就要求学习者对"一切物体在没有受到外力作用"这样一个理想过程有客观、准确的感知，才能更好地理解掌握并准确运用牛顿第一定律。

所有能力的培养和形成都有共同的特点：只有在主体参与、经历中才能逐渐内化形成。只要正确理解物理建模能力培养的特点和规律，科学有效地处理课堂教学相关环节的过程，学生物理建模能力自然就会内化形成，也会助力学生其他各种相关能力的形成。

参考文献

谭会.中学物理模型教学设计的理论与实践研究［D］.长春：东北师范大学，2009.

初中物理课堂教学如何落实演示实验的功能

杨庆辉　毛钟波

　　实验是物理学科学习的关键，实验既是研究物理的基本方法，也是学习物理的重要手段。演示实验在物理课堂上出现的频率十分高，因为其特殊的作用与地位，更是物理课堂教学中的点睛之笔。但是，现实初中物理课堂中的演示实验，依然有太多不尽如人意之处，无法很好地实现其课堂教学中的价值，从而影响了课堂教学的效益。在一个市级"中学物理青年教师教学能力大赛"中，有一个实验操作环节——从教科书中随机抽取一个演示实验进行操作，而这些本地域物理精英的表现却出乎所有人意料：10个参赛者中，有9个无法真正落实所做演示实验的应有功能。因此，本文意在引起初中物理教师对演示实验的重视及正确理解其特点、价值所在，更好地在课堂中落实其功能。

一、演示实验

　　演示实验，是指教师根据课堂教与学的需要，在课堂上演示简单、易操作、易理解的实验，以实现相应的课堂教学功能。演示实验一般是由教师进行操作，也有少数由学生进行演示的情况。因为是利用课堂教学时间进行，所以演示一般都具备简单、易操作、易理解的特征。演示实验是物理课堂上的一种教学手段，最终目的是为课堂教和学生学的需求服务。

　　根据演示实验课堂教学功能的不同，初中物理课堂最常见的几类演示实验有：帮助学生理解物理现象、物理知识和物理规律，激发学生学习兴趣，突破认知和学习上的难点，技能的培养，等等。例如，利用激光笔、平面镜做光的反射规律演示，利用合金丝和电路组件演示影响电阻大小的因素，这类演示实验都是为帮助学生理解物理现象、物理知识和物理规律而设置的；在初中第一节物理课上，教师安排如下图所示的 "吸气也能吹胀保鲜袋" 的演示实验。在讲温度时，让学生做如下图所示的"感受冷与热" 的演示实验。两演示实验的安排，目的是为引起认知冲突，激发学生学习兴趣；在学习比热容定义时，演示 "质量相同的不同物质吸收相同热量温度变化不同"，利用抽气机、广口瓶、手机等仪器演示传声实验，都是为了突破学生认知和学习上的难点而进行的；温度计、弹簧测力计使用的演示就是为培养学生相关技能而安排的。

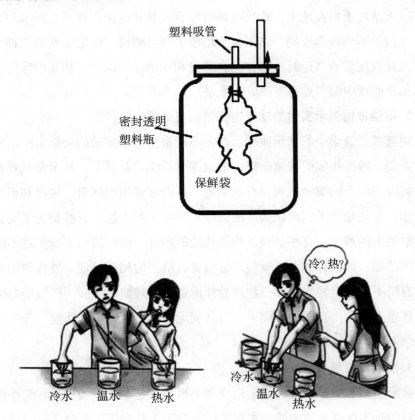

塑料吸管

密封透明
塑料瓶

保鲜袋

冷? 热?

冷水　温水　热水

冷水　温水　热水

二、现实课堂中演示实验的情况

现实初中物理课堂中的演示实验，还有很多不如意之处，无法很好地实现其课堂教学中的功能，严重影响了课堂教学的效益。

1. 对演示实验不够重视，认识不到位

相当一部分物理教师觉得演示实验是"小儿科"，在初中物理课堂教学中可有可无，从而做出了很多不恰当的表现，而这一切，对课堂教学效果的损害是不可估量的。有现成的仪器就做，没有就不做，用动画、视频等方式替代演示实验，把演示实验当成课堂教学中可有可无的点缀。轻视课前演示实验的准备工作，结果造成演示失败或出现意想不到的情况，以致在课堂上手忙脚乱，最后强行让学生接受结论。在装配实验装置、使用仪器及演示过程中操作不规范。例如，取用砝码、移动游码为省事直接用手操作，点燃酒精灯后火柴随手扔在地上，连接电路时没有先断开电源，等等。演示与讲解脱节，用语不够科学准确，结果人为增添了学习障碍。将滑动变阻器称为电阻器，在叙述实验结论时，将"同名磁极相互排斥"说成"相互推斥"，将阿基米德原理中的"重力"说成"重量"，等等。

2. 不能根据演示实验的功能定位做恰当处理

物理课堂教学中的演示实验，教师不能根据演示实验的功能定位，教与学的需要，做出相应的课堂处理，造成课堂教学效益低下，甚至是负效益。初中物理课堂上的演示实验，有些是为了帮助理解物理现象、物理知识和物理规律；有些是为了引起认知冲突，激发学生学习兴趣；有些是为了突破认知和学习上的难点；有些是为了相关技能的培养。要使演示实验实现不同课堂教学功能，产生好的课堂效益，必须要有恰当的相应处理，处理的侧重点也要有所不同。但相当一部分物理教师课堂上处理演示实验，把握不好侧重点，程序上更像出自同一个模子，自然就无法很好地落实其功能，无法在课堂教学上产生好的效益。

3. 演示实验复杂化

演示实验在中学物理课堂上出现频率很高，是课堂上的一种教学手段，最终目的是为课堂教与学的需求服务。而且因为是利用课堂教学时间进行，所以演示实验一般都应具备简单、易操作、易理解的特征。现实中，物理教师把演示实验复杂化是一个较为普遍和严重的问题。本来一个简单的传统演示实验可以满足课堂教学需要，解决好问题，教师偏偏选择使用复杂的仪器设备，结果操作难度增加，占用太多课堂教学时间，课堂效率不高，更增添

了学生对现象、问题理解的困难，这显然背离了课堂处理的原则。

三、有效落实课堂演示实验的功能

初中物理课堂如何恰当处理好演示实验，更好、更有效地落实课堂演示实验的功能，实现其课堂教学中的价值呢？物理教师应该从以下几方面进行改进。

1. 重新深入认识演示实验，重视演示实验

实验在物理学学习中十分重要，演示实验更为重要。演示实验在中学物理课堂上使用频率很高，可以在课堂教学的各个环节中运用，并且因其直观、易理解，更能在教与学中产生巨大的助力作用，在课堂中产生更好的效益。因此，初中物理教师更要深入理解演示实验的性质、特点及价值，认真对待演示实验，确保有效落实其功能。创造条件多做演示实验，课堂上能用演示实验解决的就不要仅用讲解去处理，学生看到真正的事实要比凭空解释更深刻；每次演示都要做好充分的准备，确保规范、成功，真正做到为课堂教学需求服务，实现应有的课堂教学功能。

2. 不同功能定位的演示实验课堂处理要恰当

初中物理课堂上所有的演示实验，都需要认真解决几个基本问题：介绍实验装置或原理（做什么），学生观察什么或看到什么（看什么），思考、讨论和分析结果的成因（为什么）。只有把各环节都落到实处，才能保证演示实验课堂功能的有效实现。

除了处理好基本环节，安排在不同课堂教学环节的演示实验，不同的功能定位，也应该有恰当的相应处理，处理的侧重点也要有所不同。如果是为了帮助理解物理现象、物理知识和物理规律，不管是否以教师或学生为主角，着力点都应放在对实验现象、数据的讨论分析上；如果是为了引发认知冲突，激发学生学习兴趣，就必须要做到：学生现有认知对演示实验结果的预测和课堂现场演示实验结果要有突出的矛盾，只有这样，才能引起认知冲突，激发学生学习兴趣。例如，"吸气也能吹胀保鲜袋"演示实验，与学生认为"吹气才能吹胀保鲜袋"的现有认知明显不一致。又如"感受冷与热"演示实验，现场演示实验结果与学生对演示实验结果的预测也明显不一致。

这样的实验才能产生我们需要的课堂效果；如果是为了突破认知和学习上的难点，展现真正事实和对事实的分析论证将是最好的突破手段。对比热容概念的理解，对声音传递需要介质、真空不能传声的理解，初中学生确实存在一定的困难，但通过演示实验就能很好地帮助学生理解，使学生接受事实结果；如果是为了相关技能的培养，如温度计、弹簧测力计的使用，则关键要做好仪器的结构、原理讲解和操作的科学规范，给学生以好的示范。

3. 演示实验设计要满足简单、易操作、易理解的要求

演示实验是在课堂上进行的，只是课堂上的一种教学手段，最终目的是为课堂教学需求服务，所以，演示实验一般要求简单、易操作、易理解，只要能满足课堂教学的需要即可。教师不能本末倒置，拼命追求高新技术的运用和演示实验的强行创新，结果适得其反，会给课堂教学的实施带来诸多的问题，严重影响课堂教学效益。

参考文献

［1］桑美欣.中学物理演示实验的优化教学实践研究［D］.烟台：山东师范大学，2015.

［2］王敬.优化初中物理课堂演示实验教学研究［D］.上海：上海师范大学，2013.

实验教学设计应注意的几个问题

李新媚

　　课堂教学是由教师和学生共同劳动来完成的，教学就其本质来说，是交往互动的过程，是对话的活动，是师生通过对话在交往与沟通活动中共同创造的活动。这就要求教师在课堂教学中关注学生的个性化学习，加强师生的互动，引导学生积极思考，促进课堂教学的动态生成，从而培养学生可持续发展的能力。

　　在课堂教学过程中，我们经常遇到的一个问题是"师动生不动"，教师在讲台上讲得滔滔不绝，学生却听得昏昏欲睡或者是听而不闻。这里面的原因有很多，但首要的原因是教师没有在课堂上引导学生参与到学习中。我们在课堂上常见有打瞌睡的同学，但很少看见在工作中打瞌睡的人，说明一个人要是听的时间长了就算老师讲得再动听，很多学生还是很容易走神甚至会打瞌睡。那怎样才能减少这种现象的发生呢？我们不妨换一种方式，在课堂上，让学生参与到相关的活动中，给学生一个明确的任务，让他们真正参与到学习中，学生的学习热情就会高涨，课堂教学的效率自然就高。赞可夫说："教学法一旦触及学生的情感和意志领域，触及学生的心理需要，这种教学法就会变得高度有效。"所以，在教学中，教师要想方设法创设让学生参与操作活动的环境，多给学生活动的时间，多让学生动手操作，学生就会在参与中感知，在参与中领悟，在参与中发挥创新的潜能，而真正动起来。

　　因此，在物理教学过程中，无论是要教好还是学好物理，都应重视观察和实验。通过实验教学，可培养学生的学习兴趣，激发其求知欲望，提高学生的动手能力与智力，培养学生的创新思维。物理学是以实验为基础的自然科学，物理概念的建立、物理规律的发现以及物理理论的提出，都是物理学家通过观察、实验、科学探究，理性思考，分析归纳总结出来的。因此，在整个物理实验教学设计中，为了收到更好的效果，可以从以下几个方面去考虑。

1. 精心设计趣味性强、新奇的实验，激发学生的兴趣和求知欲

爱因斯坦说："兴趣是最好的老师。"杨振宁博士也说过："成功的真正秘诀是兴趣。"感兴趣才想学，才爱学，也才能学好。教师在物理课堂教学中，应根据教学内容精心设计趣味强、新奇的实验，找出需探究的物理问题，引导学生依据观察到的现象去分析思考，使学生在轻松、愉快的情境中学习物理，探索物理。例如，在学习《大气压强》这一课时，可设计如下几个演示实验："覆杯实验""瓶子吞蛋实验""模拟马德堡半球实验"。看到实验现象后，学生感到好奇、疑惑，不可思议，急着想知道："是谁托住了纸片不掉下来？""是什么力把蛋压进瓶内？""什么是大气压力？""大气怎么会产生这样大的压力呢？这力到底有多大呀？"等，此时学生的求知欲望高涨，学习兴趣浓厚，在这样一种良好的状态下，教师进一步引导学生进行探究学习，必定会收到较好的教学效果。

2. 精心设计实验教学程序，培养学生的综合能力

实验是学生手脑并用的实践活动，在实验过程中，要知道探究的问题，明确探究的目的，理解实验的原理，仪器的使用，观察实验现象，采集分析实验数据，总结归纳实验结论等。因而，实验对学生的动手能力、观察能力、分析能力、应用能力等都能得到很好的培养与提高。教师在实验教学过程中要精心设计实验教学方案，有目的、有针对性、有条理地设计好教学程序，有利于提高学生各方面的能力。例如"探究影响蒸发快慢的因素"的实验教学方案可这样设计：第一步，请学生根据生活经验以及原有知识列举实例，猜想影响蒸发快慢的因素有哪些。第二步，提供适当的器材：玻璃板、水、酒精灯、吹风筒、滴管、一小块布、作业本等，请学生自选器材或另选器材，设计实验，进行探究。设计实验时，提醒学生注意：影响蒸发快慢有几个因素，探究其中某一个因素的关系时，应注意什么问题，采用什么方法进行实验。第三步，依据实验现象，分析数据，归纳实验结论。

有些实验，如"测滑轮组的机械效率"，要引导学生根据实验原理分析出需要测哪几个物理量，需要计算哪几个物理量，再按要求去设计实验表格，并且要将几组实验数据记录在表格中。整个实验教学过程，从问题的提出到寻找问题的成因，再到选择器材、设计表格、进行实验探究，最后分析，归纳结论，这些过程都是在教师的启发下，学生思考、讨论、设计，亲自动手实验，最后分析归纳得出结论。教师并没有越俎代庖，也没有让学生"照方抓药"，这样更有利于开发学生的智力，培养学生的分析能力，发展思维能力。

3. 尽可能将演示实验设计为学生分组实验，培养学生的动手能力，激发学生的创造性思维

苏霍姆林斯基曾说："学生的聪明来自他的手指头，培养创造能力，就要培养动手能力。"教材中安排了不少演示实验，演示实验一般以教师为主体，学生仅仅是旁观者，没有直接参与，这样不利于培养学生的动手能力和创新能力。如果教师将演示实验设计为学生分组实验，由学生动手操作，观察现象，处理数据，分析归纳实验结论，既让学生充分地动脑、动手、动口，发挥他们的主体作用，更有利于激发学生的创造性思维。如"探究影响声音高低的因素""研究平面镜成像特点""探究光的反射定律""探究光的折射规律""研究凸透镜成像规律""测凸透镜的焦距""探究影响蒸发快慢的因素"等实验，要想方设法找器材，尽量安排更多的学生动手去做。很多学生有感："只告诉我结果，我很容易会忘记；只演示给我看，我会记住；如果让我参与其中，我就容易理解并且记忆深刻。"可见让学生动手参与实验，更有利于学生理解、掌握知识。

4. 重视开展课外小实验、小制作活动，促进学生课后学习

课外小实验、小制作活动是课堂教学的延伸和补充，是培养和提高学生实验技能的延续。一些小实验、小制作所需器材一般能就地取材，简便易行，但是从实验器材的准备到进行实验，以及对实验现象的分析、归纳结论等都是学生自己完成，这样对学生来说难度提升了很多，但对培养学生的独立能力却很有帮助！当然教师可按教学进度适时布置学生去完成。如学习了光的直线传播知识后布置学生回家做"小孔成像实验""制作针孔照相机""手影游戏""观察影子的变化"等实验；在学习了光的反射定律后，学生可以课后去做"简易潜望镜""简易万花筒"等实验；在学习了热机的效率后，布置学生计算家里的天然气炉的热效率有多大，然后分析影响效率高低的主要因素是什么，如何改进提高效率等，让学生学以致用；在学习了声音的三大特征后，让学生回家用竹子制作一个笛子，并且学着吹笛子，学生也会非常感兴趣；学习了影响液体压强的因素后布置学生回家做"模拟帕斯卡的裂桶实验"；学习了电学的电功率后，让学生回家观察家用电器的电功率有多大，然后估算家里一个月大概要用多少度电，要交多少电费，再与实际交的电费做对比，看是否存在差异，再分析原因。这样学生就会越来越知道物理知识的重要性，认为自己也能应用所学知识解决一些实际问题，进而增强了学习物理的兴趣和信心。

学生在课堂上动口、动手、动脑，主动参与知识的形成过程，在实验中探索新知，从而获得丰富的感性知识和理性知识。教师尽量为学生创造一个自主探索、积极思考的学习环境，让学生在物理学习的过程中获得成功体验或体会物理的价值，增强学生对物理自主探究的热情和应用物理的信心。事实证明，让学生在课堂上真正参与到学习中，重视和加强实验教学，学生的学习热情就会高涨，课堂学习的效率就会提高，对培养学生的动手能力，提高学生的分析能力、创新能力都有好处。

参考文献

[1] 邱发生.如何加强初中物理的实验教学 [J].现代教育科学·中学教师，2012（12）.

[2] 高廷红.初中物理实验探究式教学的特点及意义 [J].华夏教师，2013（7）.

体验物理实验创新教学，落实学生创新能力的培养

程世强　杨庆辉

我们都知道，物理是一门以实验为基础的学科，实验既是研究物理的基本方法，也是学习物理的重要手段。在物理学科的教与学中，实验可以帮助传授物理知识，也有助于学生反复观察物理现象、理解物理规律，更有助于学生多方面能力的形成。在实验教学过程中，教师不能仅仅追求把实验做完，把知识传授完，更要努力做到在原有实验的基础上进行创新，既增加课堂教学的吸引力，又能激活学生的创新意识，增加创新动力，促使创新成为学生的一种能力。在初中阶段，我们所讲的创新并非是高大上、高科技、高层次的创新。对于中学生来说，创新就是自身一种新经验或思想的产出和获得。因此可以说，创新能力是与生俱来的，每名学生都具有创新能力，只待时机成熟，借助一定的外界条件将其唤醒，激发成长。

一、创新实验设计，培养学生的创新实验意识

物理课本是课堂教学的主要素材，教科书上设计了大量的实验活动。教师在长期的教学过程中，也会发现其中的不足之处。比如，课本设计的实验活动演示效果不理想，有些知识点、学习难点没有相应的实验，也有些实验脱离了学生所在学校的客观实际。对此，我们可以通过对实验活动进行改进与创新，既可满足教学和学生学习的需求，又可让学生体验实验创新，激发创新意识。

1. 对实验器材进行创新，增强实验效果

课本中提供的实验设计思路是正确的，但也会存在实验效果不理想的情

况。例如，在证明分子间有空隙的实验中，教师基本是参照课本设计，用一根试管，先注入一半水，再缓缓注满酒精，然后用手堵住管口摇匀，观察到管内液面比原来低来说明问题。而在实际操作中，实验存在着明显不足，影响实验最终效果：在水中缓缓注满酒精的过程，有部分酒精已经发生了混合，体积已经变小；用玻璃试管做容器，水与酒精混合后，液面下降不够明显。

针对问题的成因，我们对实验器材进行创新设计，将实验装置设计成容器为上窄下宽的连通器，如下图（b）所示。实验操作：把实验装置放在水平桌面上，用注射器从开口处把容器注满水，如下图（a）所示，用橡胶塞把两开口塞紧并倒置于水平桌面上，如下图（b）所示，记录液面所在位置。把实验装置两容器内的水全部倒掉，再置于水平桌面上，用注射器从开口处分别用水和酒精各自把容器注满，如下图（c）所示，用橡胶塞把两开口塞紧，反复颠倒几次，再倒置于水平桌面上，如下图（d）所示，观察液面高度变化情况。通过这样的处理，可彻底解决原实验中出现的问题。

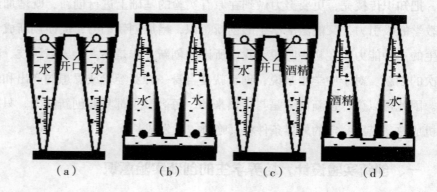

（a）　　　　　（b）　　　　　（c）　　　　　（d）

2. 创新思路，设计新实验

在长期教学的过程中，我们会发现，有些物理规律的学习，课本并没有安排实验活动。这些物理现象与规律往往是学生难于理解的地方，也有些是学生特别感兴趣的物理现象。我们通过深入研究，拓展思路，设计出符合客观教学条件、易于实施的实验，帮助学生学习知识、突破学习难点，并填补课本在某些内容上实验活动安排的空白。例如，课本讲到"光在同种均匀介质中是沿直线传播的"，但在不均匀介质中是如何传播呢？课本在这里就没有更多的内容让学生了解、体验，但这却是学生极想了解的。为了让学生能亲自体会光在不均匀介质中的传播，我们可以设计一个简单实验：在一个玻璃水槽中装一定量的清水，并让激光笔的光束穿过水的内部，这时观察到激光通过均匀介质（水）是沿直线传播的。用漏斗在水槽底部缓慢注入海波水溶液，使液体的密度变得不均匀，这时发现激光变为沿曲线传播。再用玻璃棒将液体搅拌均匀，再次观察可发现，光在均匀介质（海波溶液）中又沿直线传播。通过这样一个简单有趣而又有说服力的实验，学生很容易理解光在不均匀介质中沿曲线传播。

3. 巧妙利用生活中的物品进行实验创新设计

学生对于生活中的物品有亲切感，生活物品出现在课堂上也容易引起他们的兴趣。选择学生熟悉的生活物品进行实验创新，可使物理实验对学生不再有神秘感，让学生与实验的距离更近。所以，我们在课堂实验教学设计时，要更多使用学生熟悉的生活物品进行实验。例如，讲到声音音调的内容，课本有一个随堂探究活动：探究影响弦乐器音调的因素。课本编排是利用钩码，把一端绕结在桌腿上的琴弦拉紧，用两个三角形柱状小木块将弦支起，再拿三角尺弹拨弦的中部，观察弦的振动并听它发出的声音。实验在分别改变弦的长度、粗细、松紧程度等不同情况下，研究弦发出声音的音调有什么变化？实验的设计让学生体验在实验探究中初步运用控制变量法，探究出弦的长短、粗细、松紧程度和弦乐器音调的关系，对学生实验能力的形成具有很重要的意义。

但该实验在课堂上实施起来还是不够理想。比如，更换不同粗细的琴弦不方便，不能同时比较两根粗细不同的弦发出音调的高低。其实这个实验只要稍做创新，问题就很容易解决了。我们选用学生熟悉的吉他作为实验器材，吉他就是一个弦乐器，就是实验的探究对象。吉他有六根粗细不等的弦，弦钮可以调节弦的松紧度，按不同部位可以控制发声弦的长短。在探究琴弦粗细和音调的关系时，我们先让学生观察琴弦的长度怎样才能做到相等，弦钮的圈数是否相同，再先后拨动两根弦，让学生辨别两根弦发出声音的音调。选用吉他做这个实验，也能很方便地完成同一根弦、相同长度、不同松紧度和发出声音音调关系，以及同一根弦相同松紧度、不同长度和发出声音音调关系的研究。

实验改进后，解决了更换不同粗细琴弦的不方便和不能同时比较两根粗细不同的弦发出音调高低的问题，获得了更佳的实验教学效果。改进创新后的实验探究环节，学生观察更专注、思考更积极，同时实实在在感受了真实的实验创新，激活了创新意识。

二、创新实验教学模式，体验实验带来的乐趣，培养学生创新思维

培养学生创新能力，其核心就是培养学生的创新思维。我们在长期的教学中不难发现，不是每名学生都可以做出高质量的创新实验，但通过课堂创新实验的有效经历和体验，每名学生都能深刻体会创新实验带来的乐趣，并在经历创新实验过程中获得新的经验，激发每名学生的创新意识和创新思维。为使学生在实验过程中有更多的获得感，教师要努力对教学模式进行创新。

1. 课堂多放手让学生动手

要培养创新能力，必须遵循一条铁律"只有在主体参与、经历中才能逐渐内化形成能力"。在物理实验的深度参与中，解决其核心任务——培养学生的创新思维。在优秀物理教师间流传着一句话：告诉我，我会忘记；做给我看，我会记得；让我亲手做，我才会懂得。所以在课堂教学中，我们应该更多放手让学生进行实验的设计、操作，能够用实验解决的问题就不要用语言替代。

2. 课堂放飞学生的想象力

牛顿说过："没有大胆的猜想，就不会有伟大的发现。"教师课堂精心安排的演示实验或分组实验，都会预设实验目的和实验探究过程。我们更多时候会因顾及在有限时间内能否顺利完成教学任务，忽视了学生在思考中萌发的大胆想法，从而错失对学生创新思维培养的良机。例如，我们让学生猜想压力的作用效果与哪些因素有关时，有的学生会提出压力作用效果可能与物体运动的速度有关等想法；在探究摆的等时性规律时，学生会提出摆的快慢可能与摆动角度有关；等等。学生提出的想法不一定与课堂教学预设相符，我们当即也未必具备更多的实验条件和准备更多的实验设备，但如果我们简单一句带过，就会失去培养学生创新能力的一个绝佳机会。因此，教师在课堂上要认真对待学生提出的想法，把握住教学契机并加以恰当处理。在

不影响教学进度和设备条件允许的情况下，我们可采取合理分配小组实验任务的方法，让不同小组负责不同猜想内容的实验论证，最后全班共同分享成果。如果受制于时间和设备条件等因素，可根据学生提出的内容，共同进行初步实验方案的讨论和设计，也能产生很好的效益。这样，我们就能最大限度地呵护学生创新思维的萌发和成长，有效培养学生的创新能力。

3. 课后让学生学会"玩"物理

物理源自生活和社会，初中阶段的物理知识更是与生活息息相关。爱玩是学生的天性，好玩的物理实验总能吸引学生的注意力，并令其乐意深度投入参与其中。而在玩的过程中不断出现新问题，想办法解决问题，在这个螺旋递进的循环中，学生的多种能力能得到有效培养，学生创新思维能得到有效训练，创新潜能得到激发。例如，我们在讲解大气压的时候，给学生布置了一个家庭任务：请你用家里现有的小物件证明大气压强的存在。一周后，通过网络查资料、请教家长等各种途径，大部分学生都能独立或以小组合作的方式完成创新实验任务。又如，在讲解电动机原理时，要求学生用强磁铁、漆包线、电池设计制作简易电动机。学生在制作过程中遇到了各种不同的问题，在不断地查阅资料和尝试中完成了任务。这虽然只是在重复前人的创作，但对于他们来说就是创新，他们突破了自我，获得了更深的认知和新的能力。在"玩"物理的过程中，学生可以更自由，更好地发挥其创造性，创新能力可以得到更好地培养。

教师要做到突破原有的思维，改进原有的实验教学模式，纠正不重视小创新的思想，努力做好学生创新能力的培养工作，使我们的物理学习更有吸引力，物理课堂更有乐趣，更有生命力。

从教育的本义再看山区义务教育阶段物理课堂教学

杨庆辉

我国义务教育阶段课改十几年，从制订课标、修订课标、编写实验教材、审定推出正式教材，到集体备课、校本教研、网络教研、名师培养项目，再到杜郎口模式、洋思模式、翻转课堂、微课、慕课，经历了漫长的演变过程。但是对于经济和教育相对落后的山区，义务教育阶段很多物理教师依然迷茫，依然无所适从，对学生培养结果依然感到不尽如人意。可能很多物理教师觉得很委屈：我有进行课堂改革，也有在物理课堂上尝试和落实课改理念，但在教学中就是有种找不到北的感觉，教育教学的效果还是没有多大改善。十分迷茫，十分纠结。

情况确实如此，怎么办？

曾经有位智者说过：当你在人生路上或遇到某事件，觉得迷茫，感觉找不到北时，可以尝试回归问题或事件的本源，找回本源，从本源上思考，方向即可自明。所以，今天我们就尝试重回教育的本源，辨明教育的本义，思考我们山区义务教育阶段物理课堂教学的问题出在哪里，以期为物理教师找到对的方向。

一、教育的本义

在还没有出现现代意义上的正规教育之前，人们在实际生活中学习各种生活所需的经验和技能。那时，教育就是一种现实的活动。在共同参与活动中，上一代人各种生存所需的经验和技能得以传递给下一代，从而使受教育者成年后具备能够在未来生存所需的素养和技能。随着社会的发展进步，需要传递的知识、技能在数量上剧增，关于人的素养内容的不断充实，就产生了现代意义上的正规教育。在这个阶段，因为教育内容容量的剧增，促使教育必须要有组织、有计划、有相对稳定的形式才能满足发展需要。但教育的本质并没有改变，仍然是一种"施教者"和"受教者"共同进行的活动，能适应个人终生发展和社会发展需要。

回看教育的本义：一是为了在先辈和后代之间传递生存和生活所必需的基本知识；二是要把人培养成能够在未来社会中生存、生活的个体，即促使人要具备某些核心素养与基本技能，这在一定程度上和物理学科素养培养目标的本质相一致。可以说培养孩子的"生存力"，才是教育的最终目的。只不过在未来社会中生存所需条件会更丰富，要求会更高，才促使对教育提出更高的要求。纵观全球性的大公司、大企业招聘人才所坚守的要求，还有近十年"国考""省考"对所招聘人员要求的趋势，除了必备的专业知识，更看重个人的核心素养和综合能力。当然其中也包括与物理学科紧密相关的内容，如观察能力、逻辑思维能力、创造力、分析应变能力、学习能力，还有乐观向上的性格、强烈的好奇心求知欲、坚持不懈的意志、诚信正直的人格等。本质上这也是对人培养的要求和标准，也与教育的本源相吻合，而物理学科的学习，对于某些素养与技能的培养有着巨大优势。

二、山区义务教育阶段的物理课堂教学现状

现在，山区义务教育阶段的物理课堂教学情况怎样？存在什么问题？

1. 山区的各种客观条件拉大了物理教师与时代发展步伐的差距

物理教师与学生成长背景年代的不一致性，是客观存在的，这会影响教师对学生教育的有效影响。山区经济、教育水平、教师管理的有效机制等客观条件的影响，造成了物理教师专业成长与发展的动力严重不足，不更新教育、教学的理念，不关注社会前沿科技发展信息，不掌握与现实生活密切相关的科技新事物等。有的山区的物理教师发邮件竟不知道有上传附件的操作，更不知道"物联网"是一个什么概念。这一切，造成物理教师的专业成长严重滞后于时代发展步伐，大大缩小了师生学习中的交集影响，加剧了山区物理教师与学生成长时代性不一致的负面影响，严重影响了物理课堂教学中教师的个人素养。

2. 现在山区物理课堂教学过度关注学科知识的传授，偏离教育的本义

知识至上，功利心至上，让物理学科教学深陷泥潭，以知识为中心的课堂教学已不适应社会的需要。因为物理教师过度关注学科知识的传授，结果就忽视了教育的另一根本性的功能：使受教育者具备在未来社会中生存所需的素养和技能，并能适应个人终身发展和社会发展需要。边远山区义务教育阶段的物理课堂教学，大部分时间以教师授课为主，以大量的习题训练为单一手段，把应付考试的解题能力等同为"学生核心素养与基本技能"培养的全部，这基本是一种课堂的常态。而这样的课堂，对培养人的核心素养与基本技能，作用几乎为零。经历这种教育的人，当然也就不完全具备能在未来社会中生存、生活的条件，不完全具备观察能力、思维能力、创造力，乐观向上的性格、坚持不懈的意志、诚信正直的人格等。身处现代这样一个信息资源高度发达的时代，学生获取并习得知识的途径和方法很多，学校课堂并不是唯一的选择。所以，物理教师在学校课堂教学中过度关注学科知识传授，会使得物理教学失去更重要的价值。

出现这样的状况，究其原因主要有两个：其一，大部分物理教师都是在传统教学模式的教育中成长起来的，特别是山区农村的教师，他们的学习成长经历，无不是在以教师为主导、以学科知识传授为唯一目的的课堂教育渲染中走过来的；其二，环境动力、学习机会不足等各种因素，造成山区义务教育阶段物理教师的观念守旧，教育理念落后。

3. 山区物理教师的课堂教学行为，阻碍学生更多核心素养与基本技能的形成

山区义务教育阶段物理课堂，教师对自己的课堂教学行为极少能进行科学反思和诊断，都是"自我感觉良好"。现实中，教师有相当数量的教学行为并不合理，也不科学，确实阻碍并扼杀了学生很多核心素养与基本技能的形成。例如，题海训练成为常态。有物理教师在教学中，从预习、课堂学习、课后复习、单元的复习、期中期末复习，到大考小考的复习，同一种类题目学生重复训练十几次。这样的处理对于学生核心素养与基本技能的培养是低效，甚至是无效的；教师为了完成课堂的教学任务，留给学生的思考时间不够充分。每每在师生互动中，出现了生成性问题，学生产生了精彩的想法，教师更多的时候要么没有注意到这稍纵即逝的问题，要么没有给学生尽情释放思维的空间，就转入了下一个教学活动和任务。又或者包办代替，学生根本就没有可以思维的机会。这些教学行为都会影响学生独立思考、独立解决问题能力的培养；物理教师用实验视频、虚拟实验替代学生动手实验，在实验教学中不严谨、不规范、人为修正实验数据等，学生失去了基本技能习得的机会，影响学生尊重科学、诚信正直人格的形成；实验探究活动只是名义上的环节，项目学习不是真正意义上的项目学习，这些都严重影响对学生核心素养与基本技能的培养。

山区义务教育阶段物理课堂教学出现这样的现象，主要归因于两方面。其一，教师没能科学地理解物理课堂教学的两大基本功能：①传授知识；②通过教学活动，使人具备能在未来生存、生活的核心素养与基本技能。教师偏偏忽视了价值最大的后者。其二，教师没能很好地理解人在未来社会中生存、生活所需的核心素养与基本技能包括什么内容，没能掌握培养这些核心素养与基本技能的相关规律和正确的方法。

4. 山区物理教师无法结合学科情况，利用学科特点，最大限度发挥核心素养与基本技能的培养功能

学校教育中的每个学科，都具备与教育本义一致的两大基本功能：一是为了传授本学科特有的学科知识，二是在传授学科知识的教学活动的过程中，使受教育者具备某些在未来社会中生存、生活所需的核心素养与基本技能，并能适应个人终身发展和社会发展的需要。

物理学科的性质和特点，决定其学习过程更有利于培养人的某些素养或某些技能。例如，对各种实验现象，生活中对物理现象正确细致的观察能提高学生观察的能力；经历对物理现象成因的分析推理过程，对学生逻辑思维能力培养更高效；对未知事物、现象的掌握理解，是维持强烈好奇心和求知欲的最好助推力；经历无数实验失败还能坚持，保持尊重科学事实的态度，对坚持不懈的意志、诚信正直的人格形成至关重要。而这一切的有效实现，都需要物理教师有一定的"教育、教学"技能，懂得教的技巧，把握教的技术，教的时机等，才能更好地驾驭物理课堂教学，才会使学科教学有更高价值。

我们山区义务教育阶段物理课堂教学出现这样的问题，最主要的原因是学科教师能力水平不够。教师如不具备这样的能力与教育机智，就无法在传授物理学科知识的教学活动中，把握住各种契机，设置、开展相应的教学环节和教学活动，使受教育者同时可以收获在未来社会中生存、生活所需的基本素养和基本技能。

三、解决问题的途径

对于山区义务教育阶段物理课堂教学出现的这些情况和问题，其原因纵然多种多样，但我们可以尝试从以下几方面进行解决。

1. 山区义务教育阶段的物理教师必须改变观念，不断更新教育理念，跟上社会发展的步伐

社会在不断发展，不断进步，教育教学工作也发生了巨大的变化，我们唯一能做的，就是保持一个足够开阔的视野。因此，物理教师也必须做出相应的改变。人的思想影响和决定着人的行为。在边远山区，因为发展落后，义务教育阶段的物理教师更需要改变现有的观念，更新教学理念，并用于指导我们的学科教学工作，弥补我们只关注学科知识传授，忽视对人的基本素养和基本技能培养等各种不足，以求可以彻底地发挥教育的完整功能。

2. 山区义务教育阶段的物理教师，需要不断地学习提升，掌握与工作相关、与时代同步的教育专业技术

教师作为一种专业技术人员，必须掌握能满足学校课堂教学需要的技术，而不能盲目地教。随着社会发展，物理教师需要不断地学习，提升关键的专业素质：宽广的知识面，见多识广，博学多才，灵活敏捷的思维，严谨的逻辑思维，强大的分析能力，有一定的"教育、教学"技能，懂得教的技巧，把握教的技术，教的时机等。要有掌握与时代同步的教育专业技术，既要做到能传授知识，又要能解决培养学生具备在未来社会中生存、生活所需的基本素养和基本技能的问题。当物理教师掌握了培养这些基本素养和基本技能的相关规律及正确的方法，就有可能使学生在物理实验活动中学到基本技能，在问题讨论与思维碰撞中提高思维水平，找到解决问题的方法。只有这样，教师才不会在学校课堂教学行为上出现偏差，以达到较好的物理课堂教学效果。

3. 山区义务教育阶段的物理教师，要注重个人的专业成长，特别是提高物理教学实操能力的水平

物理课堂教学最关键、最核心的价值，最精彩的地方，就是不同的问题能生成、精彩的思维能产生，而且教师能发挥教育的智慧和机智，和学生共同处理这些问题的过程。所以，作为山区义务教育阶段的物理教师，更要注重个人的专业成长，在实际教学活动中不断体会，不断提高，以获得更好的驾驭课堂的能力。能够结合物理学科情况，充分利用学科的特点，在传授物理学科知识的同时，最大限度发挥其培养人有关基本素养和基本技能的功能。这需要物理教师有更强的能力和更多的智慧。

教育是一个长期而缓慢的过程，山区义务教育阶段的物理教师要认清教育的本质功能，了解教育发展的方向，进入另一种新常态，以修行者应有的毅力和耐心对待物理学科教学工作，以达到最佳的育人效果。

参考文献

［1］郭玉英，姚建欣，张玉峰.基于学生核心素养的物理学科能力研究［M］.北京：北京师范大学出版社，2017.

［2］刘长锁.回归教育的本源［M］.北京：光明日报出版社，2010.

［3］关文信，毕凤祥，韩艳华.新课程理念与初中物理课堂教学实施［M］.北京：首都师范大学出版社，2003.

（本文在2018年第6期《湖南中学物理》杂志上发表。）

初中物理课堂对学生能力培养状况调查及分析

杨庆辉

学校教育中的学科教学，主要承担着两大任务：传递学科知识及在学习学科知识过程中培养学生相关的能力。初中物理课堂教学，在学科知识传授方面的确做得不错，但在学生相关能力培养方面还是不太理想。物理学科的学习，对于学生观察、逻辑思维和建模等能力的培养有着巨大优势，并且这些能力的形成对人的长远发展有着深远的影响。

为了有针对性地研究初中物理课堂落实学生能力培养的教学设计与实施，笔者对一个山区县的初中物理教师做了大范围问卷调查，收集初中物理教师课堂对学生能力培养问题了解的状况，以期通过对现状的客观描述和实事求是的分析，为广大初中物理教师、有关教研部门和教育行政部门提供有价值的参考。

一、调查背景

基于广东省教育科研"十三五"规划2016年度研究教育科研重点项目（2016ZQJK028）研究的需要，课题组通过问卷星网络平台，在一个山区县进行了"初中物理老师课堂对学生能力培养问题了解状况"的不记名问卷调查。本调查从2017年10月29日开始，到2017年11月12日结束。调查对象是该县84位初中物理教师，收回有效答卷64份，调查结果仅代表被调查对象当时的情况。

调查对象所在县，为广东省肇庆市下辖的一个典型的山区县，位于广东省中西部，距离省会城市约122.7千米，处于珠三角一小时生活圈内，是广东省离珠三角核心区域最近的山区县。全县行政区域面积2455平方千米，下辖15个镇178个村（居）委会，2016全年地区生产总值140亿元，年末户籍人口59.33万人。

二、调查内容及数据

1. 你对"初中物理课堂学生能力培养"方面的相关信息了解有多少？
（　　　）

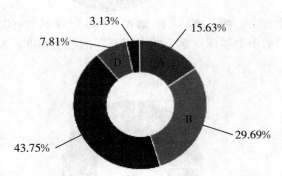

■ A. 非常了解　■ B. 大部分了解　■ C. 有些方面比较了解，有些方面不了解
■ D. 了解极少　■ E. 一点也不了解

2. 你对"初中物理课堂学生能力培养"方面相关信息的了解主要来源于
（　　　）。（可以多选）

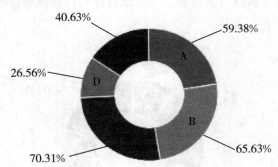

■ A. 通过进修或参加培训　■ B. 通过学校组织的教研活动　■ C. 阅读有关的读物
■ D. 听人口头相传，私下交流　■ E. 自己摸索

3. 你认为了解"初中物理课堂学生能力培养"方面相关信息的多少，对自己的课堂教学行为有没有影响？（　　　）

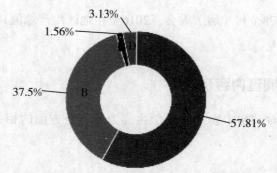

■A. 影响很大　■B. 影响一般　■C. 影响极少　■D. 没有任何影响

4. 你认为"初中物理课堂学生能力培养"的落实程度，对学生的长远发展有没有影响？（　　　）

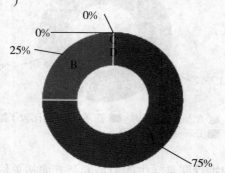

■A. 影响很大　■B. 影响一般　■C. 影响极少　■D. 没有任何影响

5. 对学生多方面能力的培养，在教学设计和日常课堂教学中，你有刻意考虑和落实吗？（　　　）

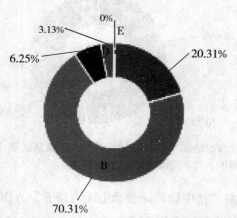

■A. 有考虑和落实，　■B. 有考虑，但落实效　■C. 两者都很想努力做好，
　　并且效果很好　　　　果不是很好　　　　　　但根本没法做到

■D. 在教学设计和落实上随意　■E. 从来没有考虑和落实
　　做，不管效果怎样

6. 你认为初中物理课堂落实学生能力培养有必要吗？（　　　　）

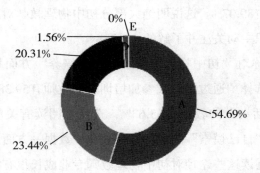

■ A.非常有必要 ■ B.比较有必要 ■ C.有必要 ■ D.不必要 ■ E.非常不必要

7. 你认为需要在初中物理课堂落实培养学生的能力有：＿＿＿＿＿＿。（可以填多种）

84个调查对象中，本题完成填写的有50人，提交内容共计147项，其中物理学科特征明显的有55项，物理学科特征不明显的有92项。物理学科特征明显的55项中，实验动手能力有29人提到，逻辑思维能力有9人提到，观察能力有9人提到，分析能力有8人提到。物理学科特征不明显的92项中，能力种类也有数十种，如自学能力、预习能力、记忆能力、计算能力、阅读能力、认知能力、解题能力、交流合作能力等。

8. 你认为现在可以在你的物理课堂上落实培养学生的能力有：＿＿＿＿＿＿。（可以填多种）

84个调查对象中，本题完成填写的有49人，提交内容共计114项，其中物理学科特征明显的有46项，物理学科特征不明显的有68项。物理学科特征明显的46项中，实验动手能力有21人提到，逻辑思维能力有7人提到，观察能力有9人提到，分析能力有9人提到。物理学科特征不明显的68项中，能力种类也有数十种，如自学能力、预习能力、记忆能力、计算能力、阅读能力、认知能力、解题能力、交流合作能力等。

三、调查分析及建议

1. 调查分析

（1）关于你对"初中物理课堂学生能力培养"方面的相关信息了解多少

93

问题，选择"非常了解""大部分了解""有些方面比较了解，有些方面不了解"的教师占89.07%。这说明绝大部分初中物理教师对课堂学生能力培养问题还是有意识主动关注并了解的。

（2）关于你对"初中物理课堂学生能力培养"方面相关信息的了解主要来源问题，选择"通过进修或参加培训"的教师有59.38%，选择"通过学校组织的教研活动"的教师有65.63%，选择"阅读有关的读物"的教师有70.31%，选择"自己摸索"的教师有40.63%。数据一方面说明培训进修、参加教研活动、阅读这些途径对初中物理教师专业成长很有实效，另一方面也反映出还有不少教师得不到更好更有效的专业帮助。

（3）关于你认为了解"初中物理课堂学生能力培养"方面相关信息的多少，对你课堂教学行为有没有影响的问题，选择"影响很大"的教师占57.81%。这说明绝大部分初中物理教师对课堂学生能力培养的重要性认识是到位的，并认同观念的改变、教育理念的更新对教师教学行为调整起决定性作用。

（4）关于你认为"初中物理课堂学生能力培养"的落实程度，对学生的长远发展有没有影响问题，选择"影响很大"的教师占75%。这反映了初中物理教师对课堂学生能力培养对人长远发展影响深远的认同。

（5）关于对学生多方面能力的培养，在教学设计和日常课堂教学中，你有否刻意考虑和落实问题，选择"有考虑，但落实效果不是很好"及"两者都很想努力做好，但根本没法做到"的教师占76.56%。这说明绝大多数教师在这方面都有做好的欲望，但是什么原因造成这样的结果还是很不明白。

（6）关于你认为初中物理课堂落实学生能力培养有必要问题，选择"非常有必要""比较有必要"及"有必要"的教师占98.44%。大家的认识相当到位和一致。

（7）关于你认为需要在初中物理课堂落实培养学生的能力有哪些，完成本题填写的有50人，提交内容共147项，其中物理学科特征明显的有55项，物理学科特征不明显的有92项。数据从侧面反映了初中物理教师对物理课堂培养的能力了解不深，对本学科有着巨大培养优势的能力把握不准确，认识存在很大的偏差，而教师对物理课堂培养能力的理解和课堂实施却自我感觉良好。物理学科特征明显的55项中，实验动手能力有29人提到，有关这个内容广大物理教师能够达成共识。

（8）关于你认为现在可以在你的物理课堂上落实培养学生的能力有哪些，完成本题填写的有49人，提交内容共114项，其中物理学科特征明显的有46项，物理学科特征不明显的有68项。数据反映的情况跟上一问题基本一致。

2. 建议

（1）在教师专业成长路上，观念的转变和更新至关重要。我们都很清楚，人的思想决定着行为，教师的工作对象是学生，随着时间的推进，现在的学生面对的事物更迭频率极快，假如教师观念的转变和更新跟不上事物更迭步伐，教师的向前发展会严重滞后，会严重影响教师专业水平和课堂教学效果。在教师专业成长路上，无论通过什么方式，什么途径，促使教师观念的转变和更新至关重要，这会从根本上推动教师的进步与发展，也会直接影响教师课堂教学的最终效果。

（2）因实际情况寻找教师成长有效的方式和途径。对于经济、教育欠发达地区的教师，培训进修、参加教研活动、阅读这些方法和途径对初中物理教师专业成长都很有实效，也切合实际情况。教育不需要高大上，符合实情有实效的就是好选择。此外，现实中教师成长所需的培训和学习仍然不够。调查从侧面反映了初中物理教师对物理课堂培养的能力了解不深，对本学科有着巨大培养优势的能力把握不准确，认识存在很大的偏差，而教师对物理课堂培养能力的理解和课堂实施却自我感觉良好，这是一个需及时解决的大问题。

（3）经历、实践是物理教师专业成长和课堂教学能力提升的必经之路。教学工作是具有创造性的技术工种，教师专业成长和课堂教学能力提升的过程，实质就是这种技术能力形成和提高的过程。学生各种能力的形成需要亲自体验，经历过程，才能得以内化。同样的道理，物理教师技术能力的形成和提高，经历、实践是必经之路。物理教师专业成长，可借鉴、可迁移学习，但要最终掌握有关教学技术、形成自己的能力，还是要经过自己的实践，才可在课堂操作上做到位，发挥出好方法的最佳效益，否则课堂效果必会大打折扣。现在很多教师在学习他人课改模式、成果的过程中出现不少问题，本质就是因为缺少经历和实践。

（本文在2018年第10期《湖南中学物理》杂志上发表。）

附件：

关于广宁县初中物理课堂
对学生能力培养状况的调查问卷

各位老师，本调查问卷采用非记名方式进行，仅是为了广东省教育科研"十三五"规划2016年度研究教育科研重点项目（2016ZQJK028）研究的需要，不会对您的工作和生活产生任何不利影响，请您不必有任何顾虑。希望老师能用心如实填写调查问卷，对问题提供真实的想法和答案，答案本身并无对错之分。感谢您在百忙之中支持我们的研究，您的回答对我们的研究很有价值，我们将视为珍贵的材料。谢谢！

1. 你对"初中物理课堂学生能力培养"方面的相关信息了解有多少？（　　）

A. 非常了解

B. 大部分了解

C. 有些方面比较了解，有些方面不了解

D. 了解极少

E. 一点也不了解

2. 你对"初中物理课堂学生能力培养"方面相关信息的了解主要来源于（　　）。（可以多选）

A. 通过进修或参加培训

B. 通过学校组织的教研活动

C. 阅读有关的读物

D. 听人口头相传，私下交流

E. 自己摸索

3. 你认为了解"初中物理课堂学生能力培养"方面相关信息的多少，对自己的课堂教学行为有没有影响？（　　）

A. 影响很大　　　　　B. 影响一般

C. 影响极少　　　　　　　　D. 没有任何影响

4. 你认为"初中物理课堂学生能力培养"的落实程度，对学生的长远发展有没有影响？（　　　）

A. 影响很大　　　　　　　　B. 影响一般

C. 影响极少　　　　　　　　D. 没有任何影响

5. 对学生多方面能力的培养，在教学设计和日常课堂教学中，你有刻意考虑和落实吗？（　　　）

A. 有考虑和落实，并且效果很好

B. 有考虑，但落实效果不是很好

C. 两者都很想努力做好，但根本没法做到

D. 在教学设计和落实上随意做，不管效果怎样

E. 从来没有考虑和落实

6. 你认为初中物理课堂落实学生能力培养有必要吗？（　　　）

A. 非常有必要　　　　　　B. 比较有必要　　　　　　C. 有必要

D. 不必要　　　　　　　　E. 非常不必要

7. 你认为需要在初中物理课堂落实培养学生的能力有：＿＿＿＿＿＿＿＿

＿＿＿＿＿＿＿＿＿＿＿＿＿＿＿＿＿＿＿＿。（可以填多种）

8. 你认为现在可以在你的物理课堂上落实培养学生的能力有：＿＿＿＿＿＿

＿＿＿＿＿＿＿＿＿＿＿＿＿＿＿＿＿＿＿。（可以填多种）

　　［广东省教育科研"十三五"规划2016年度研究教育科研重点项目（2016ZQJK028）课题组。］

让学生在课堂活动中透彻理解
"运动的相对性"

李新媚

初中物理学习中有很多抽象的内容，局限于学生现有的能力水平，仅靠想象很难理解透彻。对一些知识和现象，学生现有的认知与物理的科学性是矛盾的，甚至是错误的，例如，我们每天都看到的房屋、大山、树木、教室等明明是静止的，怎么有时却又说是运动的呢？我们看到向前运动的车，怎么有时又说是静止的呢？这就是力学中的"运动与静止的相对性"，也是学生很难理解的一个知识点。学生总是把自己看到的运动与相对运动混淆，分不清看到的静止与相对静止，无法真正理解"相对运动""相对静止"的概念，无法透彻理解"相对性"的本质。

怎样帮助学生突破学习中遇到的这个难点呢？根据问题的主要成因和认知规律，笔者在教学中通过安排课堂学生现场体验活动的办法，让学生亲身经历体验，把抽象的东西变为形象具体的东西，降低学习的难度。

在学生预习的基础上，教师先对"运动和静止的相对性"做出解释：是指同一个物体是运动还是静止，取决于所选取的参照物，参照物不同，得到物体运动的情况就有可能不同。也就是说判断物体是运动还是静止，首先要找出研究对象及确定的参照物，然后看研究对象与参照物之间是否有发生位置的改变。若位置有发生改变，则研究对象就是运动，反之就是静止。当然，也可以根据研究的需要选择不同的物体做参照物。接着，再请两位学生按活动要求现场展示（见下表），所有学生均思考相关问题并从自己的视角交流自己对问题的看法，以便更深入理解"运动与静止的相对性"。

活动描述	师生互动	目的
甲学生站在讲台边不动，乙学生面向甲学生后退离开	① 师问甲学生：你觉得乙学生是否在运动？ 甲学生答：运动。因为乙学生相对我位置有发生了变化	① 再度结合实例理解运动的定义 ② 理解参照物是可以根据研究需要选择的，只是我们平时习惯以自己做参照物
	② 师问座位上的学生：你们觉得甲、乙学生的运动情况怎么样？ 座位上的学生答：甲静止、乙运动。因为甲学生相对我的位置没有发生变化，乙学生相对我的位置有发生变化	
	③ 师问乙学生：你觉得甲学生是否在运动？ 乙学生答：甲运动。因为甲学生相对我的位置有发生变化	
甲、乙两学生并排同节奏、同步伐同向前行	① 师问座位上的学生：你们觉得甲、乙学生的运动情况怎么样？ 座位上的学生答：甲、乙均运动。因为他们相对我的位置有发生变化	深刻理解同一物体，选取不同的参照物，得到物体运动的情况就有可能不同，即"运动与静止的相对性"
	② 师问甲学生：你觉得乙学生是否在运动？ 甲学生答：静止。因为乙学生相对我的位置没有发生变化	
	③ 师问乙学生：你觉得甲学生是否在运动？ 乙学生答：静止。因为甲学生相对我的位置没有发生变化	
	④ 师问座位上的学生：若以甲学生为参照物，则乙学生的运动状态是怎样的？ 座位上的学生答：静止。因为甲、乙两学生之间没有位置的变化	
	⑤ 师问：若甲、乙两学生并排行走，而甲走得快，走在了乙前面，若以甲学生为参照物，则乙学生的运动状态怎么样？ 生答：运动。因为乙相对甲位置发生了变化	

经过对活动中问题的思考与分析后，把学生分成几个小组，让每个学生再轮换着做刚才两个学生的活动，让每个学生都参与到学习活动中。活动把本来很抽象的问题变得直观明白，学生在轻松愉快的氛围下，在笑声中轻松将"运动与静止的相对性"这个难题解决了。这样，再说到房屋、大山、树

木、教室等是静止的，学生就知道是因为选的参照物是地面；说它们是运动的，是因为所选的参照物是太阳或行驶的汽车；说在公路上飞奔的汽车是静止的，是以汽车上的乘客为参照物；若以地面（或地面上的建筑物）为参照物，汽车就是运动的。

经过这样的课堂处理，就可以带来很好的课堂教学效果。

1. 降低了学习的难度

把初中物理学习中抽象的内容，变为形象具体的东西，学生易于理解印象又深刻，使问题更清楚、更直观地展示在学生的面前，有效地突破了学习的难点。

2. 体现了课堂学习中重视过程、亲历的原则

课堂教学效益最终要体现在学生身上，学生的学习是一个内化过程，外界力量只能促进个体能力形成的过程，但不能替代个体形成能力。课堂教与学活动重视过程，重视亲身经历与体验，学生参与度越高，产生的效益就越大。

3. 改善了课堂生态，学生课堂思维更活跃

课堂教学是教师和学生共同活动的过程，这一共同活动的过程，教师必须想方设法提高学生学习的主动性和积极性，使学生积极参与课堂活动，让学生开动脑筋去思考，动手合作去获取知识和技能。这样既可以调动学生的学习积极性，活跃课堂气氛，增添学习情趣，又能收到教与学的最佳效果，提高教学效益。

浅谈中学生合作与交流能力的培养

龚玉梅

国际21世纪教育委员会在向联合国教科文组织提交的报告中，提出了现代教育的四大支柱，那就是学会学习、学会做事、学会合作、学会生存。在科技高度发达、专业高度发展的现代社会，人与人之间的真诚合作，既是各项事业取得成功的基本要素，也是个体身心健康发展的必要条件。俗话说"一个篱笆三个桩，一个好汉三个帮"。这句话足以说明人与人之间合作与交流的重要性。一个人要立足于社会，就离不开竞争和合作交流。那么教师该如何培养学生的合作与交流能力呢？下面我结合自己在教学中的体会谈谈个人的几点看法。

一、创造氛围，给学生提供合作交流的和谐条件

1. 科学编组，营造合作交流氛围

小组合作学习是促进学生全员参与的有效途径。但固定不变的小组划分，往往又会滋生学生的"小集体"合作意识和观念，不利于学生形成独立的合作与交流意识。因此，我们要根据不同的课例和探究内容常常变换组内人员结构。分组时，要考虑小组成员的男女搭配以及优等生学困生的搭配，一般情况下，男生要比女生的动手能力强，女生要比男生细心，所以，小组成员要有男女搭配。另外，所谓的学困生，也只是在某一方面发展落后于其他人，在某些方面他们还是有特长的，所以教师要先了解每个学困生的特长，然后把他们分到不同的小组。同时，教师要求各组给予学困生优先交流权，锻炼他们各方面的能力，只有这样才能保证全员参与，同时加大"帮困"力度，在生生互动中，小组成员之间才会形成某种默契，形成互帮互学

101

的合作与交流的学习氛围。

2. 合理安排合作与交流的内容

合作学习虽然是一种好的学习方式，也并非所有的内容都可以采用合作学习的方式。小组合作学习要根据教学要求适时而用，不可滥用。合作学习只是学习方式中的其中一种，有的教学内容需要合作交流，有的教学内容不需要合作交流，只适合教师讲解、演示。因此，教师要根据教材和学生的现状选择是否该进行合作交流。例如，在学习《怎样认识和测量电流》的时候，对于电流的形成、电流的方向、电流的符号以及单位等内容教师讲解就可以了，没有必要进行学生合作与交流学习。但是在介绍完"电流表的使用规则"后，教师可以让学生小组合作学习怎样正确使用电流表测量电路中的电流。

3. 创设情境，激发学生主动学习的兴趣

教学的艺术不在于传授本领而在于激励、唤醒和鼓舞，我们在物理教学中适当地给学生营造一个故事情境，不仅可以吸引学生的注意力，还会使学生在不知不觉中获得知识。例如，我在讲"阿基米德原理"这一节时，是这样导入的：利用多媒体播放了"曹冲称象"的故事。有一次，孙权送来了一头巨象，太祖想知道这头象的重量，询问属下，都不能说出称象的办法。曹冲说："把象放到大船上，在水面所达到的地方做上记号，再让船装载其他东西，当水面也达到记号位置的时候，称一下这些东西，这些东西的总质量差不多等于大象的质量，就能知道了。"太祖听了很高兴，马上照这个办法做了。"曹冲称象"的原理是什么呢？通过今天的学习，同学们一定可以解开这个谜。这下学生们个个瞪大了眼睛，专心致志地投入到课堂学习中，把"要我学"变成了"我要学"。这样的故事性情境激发了学生学习、思考的兴趣，使他们整节课都兴趣盎然。

4. 充分挖掘生活中的物理现象，延伸课堂学习时空

物理知识来源于生活，回归于生活，课堂是学习各类知识的重要途径，但课堂上所学的知识对一个人的成长是远远不够的，所以，把学习的时空向外延伸是必然的发展趋势。延伸的方式是多种多样的。如：

（1）将生活中的物理现象移植到物理教学中，培养学生的能力。例如，

生活中的物理现象、物理信息源随处可见，比如，各种商品的说明、须知、用法等都向我们提供了各种信息，善于从资料中选取出自己所需要的信息是我们在生活中应具有的能力，教师要注意培养学生善于收集有益信息的习惯和能力。

（2）学生大多数都是在学校学习的，其好处是快速、系统，但是它缺乏体验，日本人称之为"无体验的学习"，所以教师应结合学习的内容，指导学生进行课外活动。学生思维比较活跃，通过互相启发、互相鼓励、共同完善，不管是得出答案的，还是暂时没有想出答案的，均会表现出浓厚的兴趣，学习物理、表达自己观点的欲望在此得以强化。

二、创建有利于学生合作与交流的平台

教师在教学中应该根据学生的特点，从情感上给学生以积极的支持和帮助，给学生提供交流的机会和交流的素材。

1. 明确学生职责

合作与交流是课程改革所提倡的学习方式之一，大多数学生对这种全新的学习方式的内涵感到茫然与困惑，不知道该怎样做。所以，在学生进行合作交流前，教师应指导学生掌握必要的合作交流方法和步骤。在实际教学中我发现，学生间合作与交流的难点是责任分工、明确职责，因此，在实际教学中有必要对学生的责任分工加强引导和训练。如在《探究电磁铁磁性强弱》时，由于实验室器材缺少的原因，在分组时各小组人数比较多，如果责任落实不到位，个别学生可能会成为"看客"。针对这种局面，我及时分配各组成员要解决和负责的具体任务，如安排谁做组织者、记录数据者、实际操作者、工具准备者等，最终各组成员共同完成了所要解决的问题，避免了有些学生成为"看客"现象的出现。组内的角色分工还可以进行轮换，使每个成员都能从不同的角色得到体验和锻炼。

2. 精心设计讨论的问题

合作与交流总是围绕某些问题来进行的，学生要学习和掌握的内容通常是以讨论问题的形式出现。因此，讨论问题的设计就变得非常重要，它直接影响合作与交流的效果。所以，教师在设计讨论问题时要注意以下几个

方面：

（1）讨论的问题要有利于解决教材的重点或难点，要紧扣教材。课堂讨论的题目与其他形式的讨论题目不一样，它是受课堂教学目的、要求制约的。教材是我们进行教学的重要依据，也是重要的课程资源。教师设计的问题应紧扣教材，紧紧围绕教学内容，才能真正解决教材的重点或难点问题。为此，教师在认真研读课程标准和教材的基础上，还应揣摩哪里是学生不容易理解的，就在哪里提出问题，抓住那些"牵一发而动全身"的关键点，使学生通过思考、讨论，掌握重点，弄清难点，达到对新知识的认识和理解的目的。例如，在学习《如何提高机械效率》这一课的时候，面对题目我先提问"这里目的是要做什么""是通过什么来做""怎样求出它们所做的功"。学生通过讨论后就知道机械效率该如何解答了。

（2）讨论的问题难易要适度。如果所设置的问题太难，学生不知如何下手，这样不但耽误时间，还会让学生对合作与交流失去兴趣；如果合作要完成的问题过于简单，学生不需要深思熟虑，不需要合作与交流，也就失去了讨论的价值。因此，合作交流的问题要有一定的讨论价值、有一定的思维含量。问题要靠近学生思维的"最近发展区"，让学生"跳一跳"能摘到"果子"吃，千万不要过于简单。否则，在没有合作价值的情况下，合作就是一种形式。

3. 大胆质疑、在合作与交流学习中要适当点拨

我国著名教育家陶行知先生说："教育的责任不是教，而是教学生学。"学生在积极参与学习过程之后，教师应该有的放矢，有针对性地对学生进行精心指导和总结，使学生学会学习，这才是学生所需要的。爱因斯坦曾经说过："提出一个问题比解决一个问题更重要。"因此，我们要鼓励学生大胆地质疑，并善于根据学生质疑的问题给予点拨。在合作与交流学习中，关键是学生能否主动表达自己的见解和提出问题。学生在学习中能否主动提出问题是合作与交流教学成功与否的标志。有时尽管教师精心创设了各式各样的问题情境，而会提出问题的学生总是极少一部分。

总之，未来的社会不仅需要人们的竞争意识，而且需要人们的合作意

识。因此，从小培养学生的合作与交流能力势在必行，教师在教学中培养学生的合作与交流能力，对学生今后的成长有着不可忽视的作用。

参考文献

[1] 莫胜慈.农村物理教学中"小组合作学习"的探究 [J].肇庆教育研究，2018（3）.

[2] 钱少珍.浅谈初中历史课堂组织讨论的有效策略 [J].肇庆教育研究，2018（3）.

"希望你喜爱物理"教学设计

杨庆辉

【教学目标】

（1）通过师生共同参与的活动1，让学生感受物理就在自己身边，无处不在的事实，由此对物理的作用与价值产生更深刻的认识，并对物理产生好奇和兴趣。

（2）知道物理学是研究声、光、热、力、电等各种物理现象的规律和物质结构的一门科学，并能对生活中一些常见现象是属于哪类物理现象进行正确判断。

（3）通过以教师为主的活动2"吸气也能吹胀气球"，让学生经历、体会观察的过程，并初步掌握观察的基本技能，初步体验一些物理的思维方式、分析方法。

【教学重难点】

本学时的重点、难点在于让学生经历、体会观察过程的同时，初步掌握观察的基本技能，初步体验一些物理的思维方式、分析方法。

【教学准备】

课件、教学设计、多媒体教学平台，活动2所用的装置，活动3所用的每名学生的两张纸条。

【教学过程】

预习：学生独立学习本课时的教材，并把自己的疑问记录下来。

流程环节	教师活动	学生活动	设计意图	备注
（一）引入	自我介绍；新学年增加了新学科——物理，大家会迫切想知道学什么，有用吗，难学吗	学生聆听	直奔主题，节约时间	1分钟
（二）活动1	今天给大家一个机会考考老师	请学生口头描述某个事件或现象	让学生感受物理就在自己身边，无处不在的事实，由此对物理的作用与价值产生新的认识，并对物理产生好奇和兴趣	8分钟
	简要分析并指出学生口头描述的事件或现象中涉及的物理知识物理无处不在，物理就在你我身边	学生聆听		
		阅读教材P3倒数第2段，了解"物理学定义"		
	对"物理学定义"做解释（重点：关键词）；提问教材图1-1、图1-3属于哪方面的物理现象？		提问作为简单的检测，反馈对定义的理解效果	
（三）感受物理学对社会发展的推动作用	以PPT的形式介绍展示我国交通发展的历史	学生聆听	便于学生模仿这种程序学习	6分钟
	教师巡视，并和有需要的学生个别交流	阅读教材P4~P6"物理学推动了社会的发展"	再次从历史发展的角度，感受物理的作用与价值，并产生兴趣（借鉴介绍交通发展的过程）	
（四）活动2："吸气也能吹胀气球"	学生从已有经验确认事实：吹气能吹胀气球	学生聆听	现有认知	13分钟

他山之石——初中物理课堂学生能力培养研究

流程环节	教师活动	学生活动	设计意图	备注
（四）活动2："吸气也能吹胀气球"	教师提出：吸气也能令气球胀起来	思考，产生认知冲突	与已有认知产生冲突	13分钟
	展示活动2所需装置。（结构如右图）演示：提示看变化，然后吸气令气球胀起来	学生观察 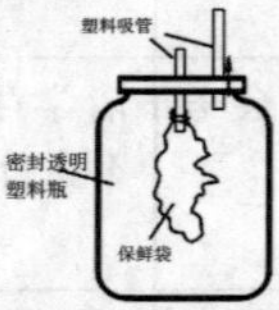	经历观察过程	
	提问看到什么，让学生描述	学生口述观察到的变化	思考，训练表达	
	提问为什么会产生这样的变化	学生思考，然后表述		
	对学生的表述及分析进行整理，并规范。总结观察的程序，分析过程模型化处理等技能	学生聆听并思考理解	为初步接触，不要求很系统，符合认知规律	
（五）结合"物理学"定义和活动2了解学习物理的一些特点	布置独立阅读教材P6～P7"物理学的召唤"的任务，尽量理解黑体字内容，有想交流的可与同桌小声交流	阅读教材P6～P7"物理学的召唤"，理解相关内容，并按需要进行交流		6分钟
	结合"物理学定义"和活动2讲解学习物理的一些特点（黑体字的内容）			
（六）活动3："吹纸条"	柳树会随风而动，纸条会随风而动。教师展示向纸条吹气，纸条随风而动	学生聆听，观察	模仿活动2学生经历过程：听清要求—思考—动手操作—观察—思考—分析。这也是为解决时间控制问题所设的后备内容	9分钟
	如果把两纸条垂直靠近，从两纸条中间沿纸条方向向下吹气，想想会怎样？动手试试，并思考	学生操作、观察、思考，同学间交流		
		让学生分享表述自己的分析		
	对学生的表述及分析进行整理，并规范	学生聆听		

续 表

流程环节	教师活动	学生活动	设计意图	备注
（七）小结	知道"物理学定义"观察的程序、物理学习的一些特点	学生聆听		2分钟

【板书设计】

希望你喜爱物理

（1）物理无处不在，物理就在你我身边。

（2）物理学是研究声、光、热、力、电等各种物理现象的规律和物质结构的一门科学。

（3）物理学推动了社会的发展。

（4）活动2"吸气也能吹胀气球"。

总结观察的程序（见下图）。

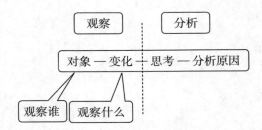

（5）学习物理的一些特点。

【课后反思】

因为是离开讲台15年后第一次上课，所以有很多的不适，包括媒体设备、课堂表现等。但是本节课还是能很明显地实现教学设计的初衷：使学生对物理产生强烈的好奇和兴趣，为学生通过模仿完成自主学习做铺垫，落实物理学科能力和物理基本技能的培养等。个人感觉还算满意。

（相关的一些环节已经在前期完成：课标分析、教材分析、学情分析等，因为是借班上课，所以缺乏对学生深入的了解；本课例是肇庆市名师网络工作室初中物理网络大课堂活动中的一节课，在广宁县洲仔中学进行，课堂实录在肇庆市名师网络工作室平台上对外公开发布；在学生接触物理的第一节课，努力使学生对物理产生强烈的好奇和兴趣，能为学生通过模仿完成自主学习而搭建扎实的脚手架，能关注落实物理学科能力和物理基本技能的培养，能让学生经历体验物理学习的基本程式。教师巧妙设计学习过程，很好地体现了初中第一节物理课的价值。）

"认识内能"教学设计

程世强

【教学分析】

1. 教材分析

在教育部颁布的2011年版义务教育物理课程标准第三部分"课程内容"中，内能是"能量"下分的六个二级主题之一。课程标准中涉及本节内容的表述有两个：了解内能和热量；通过实验，认识能量可以从一个物体转移到另一个物体，不同形式的能量可以互相转化。

本节课的知识内容有内能的概念；物体的内能与温度有关系；改变物体内能的两种方式，即做功与热传递。

本节内容是在上一章学习机械能概念及其转化的基础上，进一步了解更为抽象的内能概念，认识内能的转化及其作用。这些基础知识是解释许多热现象的必要储备，也是学习本章后面热量、比热容、热机等内容不可或缺的基础。因此，本节课在全章中具有重要的基础地位。

2. 学情分析

知识基础：学生在上一章刚学习了机械能，知道动能与势能可以互相转化。

心理特点：初中生有一定的观察、概括、分析能力，具备较强的独立思考能力。同时学生对生活中的一些有趣的现象有着浓厚的兴趣。

九年级的学生刚开始接触热学知识，相关概念更为抽象，且尚未构建成熟。由于内能是学生陌生和比较抽象的概念，学生初次接触会错误理解为"热能"。学生根据已有的生活经验会把温度的升高归纳为热传递，学生对"物体做功内能增加，而物体对外做功内能减少"的本质存在认识困难。

【教学目标】

1. 知识与技能

（1）了解内能概念，知道内能的单位——焦耳。

（2）知道温度与内能之间的关系。知道对于同一物体，温度越高，内能越大；温度越低，内能越小。

（3）认识做功是改变物体内能的一种方法，本质是能量的转化。

（4）认识热传递是改变物体内能的另一种方法，本质是内能的转移。

2. 过程与方法

（1）利用类比、分析、总结的方法得出内能的概念。

（2）通过探究、观察、实验认识改变物体内能的两种方式。

3. 情感、态度、价值观

（1）通过学生体验探究的过程，激发学生主动学习的兴趣。

（2）通过分析、类比，学会用类比的方法研究问题，培养良好的科学态度和求实精神。

【教学重难点】

建立内能的概念，了解并能说明物体内能的大小与温度有关；认识改变物体内能的两种方法——做功与热传递。

了解并能说明物体内能的大小与物体温度的关系；了解物体做功改变内能的实质是机械能与内能之间的转化。

【教法学法】

教法：情境教学法、实验演示教学法、讲授法、问答教学法。

学法：探究学习法、观察学习法、小组讨论学习法。

【教学准备】

（1）制作PPT课件。

（2）数量足够的细铁丝。

（3）自制改变气体内能的演示仪。

【教学过程】

（一）展示情境，引入内能的概念

1. 多媒体情境引入（见下图）

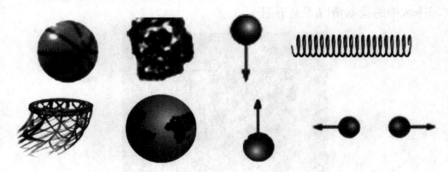

2. 思考

（1）运动的篮球与运动的分子具有什么共同点？

（2）地球与石块相互吸引与两个分子相互吸引具有什么共同点？

（3）被压缩的弹簧与两个分子之间相互排斥具有什么共同点？

3. 小组讨论

（1）运动着的篮球具 | 共同点：运动着的 → | 运动着的分子
有____能。 | | 具有____能。

（2）自由下落的石块和 | 共同点：互相吸引 → | 互相吸引的分子
地球互相吸引具有____能。 | | 具有____能。

（3）被压缩的弹簧因各 | 共同点：互相排斥 → | 互相排斥的分子
部分互相排斥具有____能。 | | 具有____能。

4. 小结

构成物质的分子也具有动能和势能，刚才我们推断结论时用到了一种新的方法——类比法。

5. 多媒体展示

在物理学中，把物体内所有的分子动能与分子热能的总和叫作物体的内能。内能的单位是焦耳（J）。

类比法是将未知事物与已知事物进行比较，根据它们的相同点或相似点，推测未知事物也可能有某种相似的属性，这是科学研究的一种重要方法。

（二）合作探究：物体内能的大小与什么因素有关

1. 演示实验

将同等质量的黑色墨水分别滴入等量的开水和冷水中，观察墨水在开水和冷水中的运动情况（见下图）。

热水　　　冷水

2. 学生分析1

温度越高→分子无规则运动越剧烈→分子动能越大→组成这个物体所有的分子的动能总和越大→这个物体的内能越大。

3. 媒体展示

结论：同一物体的温度越高，内能越大；反之，同一物体的温度越低，内能越小。

4. 提问

一切物体都具有内能吗？

5. 学生分析2

一切分子都在永不停息地做无规则运动→一切物体都具有内能。

（三）怎样改变物体的内能

1. 分组实验

你能通过哪些方法使铁丝的温度升高（内能增大）？（请写出5种方法）

2. 学生活动

请三个小组代表分别在讲台上演示方法。

3. 媒体展示

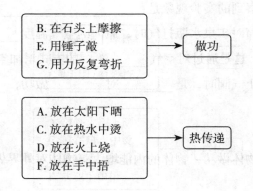

4. 小结

做功和热传递都能改变物体的内能。

5. 演示实验

用做功的方式改变物体的内能。

实验：做功改变物体内能。

实验器材：电子温度计、打气筒、橡胶软管、矿泉水瓶、T形玻璃管、橡胶塞（见下图）。

6. 实验过程

（1）观察电子温度计的示数，记录瓶内空气的初始温度。

（2）用夹子把出气橡胶管口夹住，用打气筒对瓶内打气做功，观察电子温度计的示数变化。

（3）把进气橡胶管口用夹子夹住，然后把出气管口打开，听到放出气体的声音，并观察温度计的示数变化。

7. 思考

（1）我们观察到的实验现象是：_____。

（2）当打气筒对矿泉水瓶打气时，瓶内的空气温度_____，空气的内能_____。这是通过对空气_____的方式增加空气的内能。

（3）当打开止气阀时，是_____对_____做功，_____的温度降低，内能降低。

8. 总结

（1）外界对物体做功，物体的内能增大；物体对外界做功，物体的内能减小。

（2）对做功可以改变物体的内能的理解：用做功的方法可以改变物体的内能。

对物体做功，物体的内能会增大。例如，压缩气体做功时，气体温度升高、内能增大。但需要注意的是，对物体做功，物体的内能不一定都增大。比如，把一杠铃从低处举到高处，克服了杠铃的重力做功，此时杠铃的重力势能增加，但内能不变。此时能量并没有转化成内能，而是转化为机械能。

物体对外做功，物体内能减小。比如，气体膨胀做功时，内能减小，温度降低。内能的改变可用功来量度。用做功的方式来改变物体的内能，是能量的转化过程。做功越多，内能变化越大。

▲做功改变物体内能的本质是能量的转化。

9. 提出问题

刚才有同学用到了放在太阳下晒、放在热水中烫、放在火上烧、放在手中搓等方法使铁丝的温度升高，这又是什么道理呢？

10. 小组讨论

阅读教材"活动2"，如下图所示，教师用多媒体展示下列问题，学生分组讨论后代表回答。

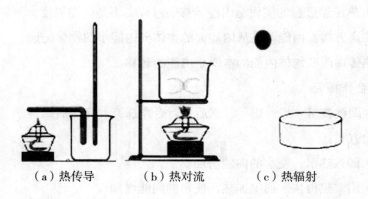

（a）热传导　　　　（b）热对流　　　　（c）热辐射

（1）发生热传递的条件是什么？

（2）热传递有哪几种方式？

（3）热传递的方向是怎样的？

（4）热传递改变内能的实质是什么？

（5）教材图12-5所示的三种情况各是通过热传递的哪种方式来改变物体内能的？

（6）你能举出生活中用热传递来改变物体内能的事例吗？请列举三个。

11. 媒体展示

师生共同总结：

（1）发生热传递的条件是两物体或同一物体的不同部分之间存在着温度差。

（2）热传递有传导、对流和辐射三种方式。

（3）热传递的方向是热从高温物体传到低温物体，或由物体的高温部分传到低温部分。

（4）用热传递来改变物体内能的实质是一个物体的一部分内能转移给另一个物体，或者内能从同一物体的高温部分转移到低温部分，实际上是内能的转移。

（5）图（a）是通过热传导使水的内能增加的；图（b）是通过热对流使水的内能增加的；图（c）是通过热辐射使水的内能增加的。

（6）①晒太阳感到暖和；②用蒸笼加热馒头；③感冒发烧，用冷毛巾敷额头；④冬天用手摸户外的金属时感到冷。

（7）热传递过程的实质是内能转移的过程，不是传递温度。

热传递方向：内能不是从内能大的物体向内能小的物体传递。

▲热传递改变物体内能的本质是内能的转移。

12. 合作探究

学生阅读教材"想一想"，然后进行合作探究、交流后回答。

实验方案：

（1）倒入热水，使水的内能增加。

（2）用"热得快"通电加热，使水的内能增加。

实验结论：如果只知道水的温度升高，而没有看到改变内能的过程，我们将无法判断用的是哪种方式使水的温度升高的。这说明做功和热传递对于改变物体的内能是等效的。

（四）课堂练习

1.下列现象是利用什么方式改变物体的内能的？

（1）用锯子锯木头，锯条发热了。

（2）阳光下的冰块很快就融化了。

（3）用热水袋暖手。

（4）反复弯折的铁丝变热了。

2. 如图（a）所示，钻头在金属块上钻孔，温度会升高，这是通过_____来改变物体的内能。图（b）中，将饮料和冰块放在一起，它们各自的温度会发生变化，这是通过_____来改变物体的内能。

（a）

（b）

（五）课堂小结

提问：

（1）同学们，这节课你学到了哪些与内能有关的知识呢？

（2）这节课我们学习了一种新的方法，你能简单说明吗？

（六）作业

完成练习册P22"1、2、3小题"。

【教学反思】

（1）本节课达到了预定的教学目标，学生能掌握本节课的重点和难点。学生能总结出改变内能的两种方式，说明学生已经具有一定的抽象思维能力。

（2）课堂气氛非常活跃，学生对教学设计的实验探究过程非常感兴趣，能积极参与实验探究过程。

（3）本节课的教学设计创新之处在于精心设计了两个实验，一个是分组实验"用什么方法可以让铁丝的温度升高"。这个实验设计虽然简单，但得到的教学效果非常好。另一个实验是创新地设计了改变气体内能的演示仪。这个实验器材能直观地看到空气的温度变化，解决了教材用的"空气压缩引火仪"操作难、观察难的问题。

"认识电阻"教学设计

毛钟波

【教学分析】

1. 教材分析

教育部颁布的2011年版义务教育物理课程标准，对电阻认知的要求是"知道"。后面学习欧姆定律时还有个要求：通过实验，探究电流与电压、电阻的关系。

本节课的知识内容有：电阻及其单位、影响电阻大小的因素、滑动变阻器。但是由于时间关系，我将本节分成了两个课时，把滑动变阻器放在第二课时。

电阻与电流、电压一样，是电学中的重要物理量。本节教材的思路：教材首先通过一个直观的实验，使学生意识到不同的金属丝对电流的阻碍作用是不同的，为了使实验效果更加明显，我将铜丝换成了铁丝进行"活动1"。接着学习什么是电阻和电阻的单位，知道了电阻及其单位，自然会产生一个疑问：不同的导体，电阻有大有小，并激发学生探究电阻的兴趣：那么，电阻的大小与哪些因素有关？"活动2"让学生通过动手实验，探究影响导体电阻大小的因素，并在实验过程中体会控制变量的科学方法。研究导体的电阻跟材料、横截面积、长度的关系，不仅加深了学生对电阻的理解，也是学生学习滑动变阻器的基础。

2. 学情分析

学困生所占比例过大，厌学现象比较严重。尤其是动手和逻辑思维能力普遍较低，所以必须要把教学的重心放低，充分调动全班学生的积极性和主动性。充分利用实验，激发学生学习物理的兴趣。并尽可能地将实验活动让学生自己去操作，使学生多获得一些体验。

【教学目标】

1. 知识与技能

知道什么是电阻，知道电阻的单位，知道影响电阻大小的因素。

2. 过程与方法

（1）通过实验探究，了解导体的电阻与导体的材料、长度、横截面积以及温度有关。

（2）理解控制变量的科学方法，进一步体会研究受多个因素影响问题所用的方法。

3. 情感、态度与价值观

（1）乐于探究电阻的大小与哪些因素有关，体验科学发现和科学探究的乐趣。

（2）在实验探究中，学习科学家研究问题的方法，培养实事求是的态度。

（3）通过了解物理学知识对人类生活和社会发展的影响，培养正确的科学价值观、其他学生交流合作的意识。

【教学重难点】

（1）电阻概念的理解及建立，导体的电阻跟哪些因素有关。

（2）用控制变量法进行实验，探究影响电阻大小的因素。

【教学策略】

本章内容是上一章电路知识的继续，思路顺承上一章。本节电阻概念的建立是重点，可以让学生观察生活中的导线，并提出问题：我们生活中的导线一般都是什么材料做的？这个问题绝大多数学生都可以有正确的答案。然后继续追问我们为什么要选择这种材料而不选择我们最常见的铁作为导体材料？然后将长度、粗细相同的铁线、铜线接入电路，观察小灯泡的亮度和电流表的示数，发现不同材料的导体在导电时，对电流的阻碍作用不同，从而得出电阻的概念。进一步介绍电阻的概念、单位以及符号等。而在进行探究影响电阻大小的因素时，教师可以给出一些常见物质的电阻，引导学生从中发现电阻的大小可能与材料、长度、横截面积有关，通过一些设问来引导学生设计实验方案：①实验需要用到什么物理方法？②电阻的大小如

何 "显示" 出来？③该如何设计实验？④需要用到哪些器材？⑤实验操作过程中要注意什么？

【教学准备】

电源、小灯泡一只、电流表一只、开关一个、有四根金属丝的演示板、导线若干（每个小组一份）、酒精灯一个。

【教学过程】

教学环节	教师活动	学生活动	设计意图
导入新课（5分钟）	提出问题：我们生活中的导线一般都是什么材料做的？	学生纷纷说出自己从生活中观察到的现象	放低教学重心，让每位学生意识到这节课所学内容与生活息息相关，从而吸引全体学生的注意力，激发学生的学习兴趣。让学生从生活走向物理
	展示各种导线，提出问题：为什么有那么多导体都可以导电，而我们选择铜作为常见导线制作材料，而不是用更便宜的铁？	学生积极思考、讨论，提出各种猜想。引出课题	
	学生提出猜想后，教师不做解释，保留悬念		
新课教学（35分钟）	电阻		
	◆活动1：教师提供如下器材：长短和粗细相同的铁丝和铜丝、两节新干电池、电流表、小灯泡等。请两名学生到讲台上按课本中的电路图连接好电路，演示实验，并提示下面的学生观察这两位学生在连接电路的过程中是否有操作不当之处		
	教师提出问题：①比较两次灯泡的发光情况和电流表示数，发现了什么？②造成这种结果的原因是什么？	学生通过观察和思考回答：①把铜丝接入电路时，电流表的示数较大，小灯泡较亮；把铁丝接入电路时，电流表的示数较小，小灯泡较暗。②铜丝对电流的阻碍作用小，铁丝对电流的阻碍作用大	通过让学生连接电路增强动手能力和体验；并让其他学生观察实验操作过程，激发学习兴趣，培养严谨的实验态度

教学环节	教师活动	学生活动	设计意图
新课教学（35分钟）	教师总结：这两段导体分别接入电路时，电路中的电流大小不同，这说明导体在导电的同时，对电流也有一定的阻碍作用（让学生指出哪段导体对电流的阻碍作用较大）。为了表示导体对电流阻碍作用的大小，物理学引入了电阻的概念		通过此实验不仅使学生确认导体对电流有阻碍作用，引出电阻的概念，而且使学生知道怎样用实验的方法比较电阻的大小，为下面"探究导体电阻的大小跟哪些因素有关"的实验设计打下基础
	物理学中用电阻这一物理量来表示导体对电流的阻碍作用。导体的电阻越大，它对电流的阻碍作用越大。进一步类比说明：河流中的水流大家都很熟悉，河流中总是会有一些障碍物，所以水在河里流动的同时也受到河道对它的阻碍作用，导体对电流的阻碍作用就好比河道对水流的阻碍作用		利用类比的方法降低学生学习新概念的难度，帮助学生巩固对新概念的理解
	教师讲授电阻的基本概念。 1. 定义：导体对电流的阻碍作用。（符号：R）	学生记忆电阻的字母、单位、读法和单位之间的换算关系	
	2. 单位：欧姆（欧），符号Ω。其他单位：千欧（kΩ）、兆欧（MΩ）。$1k\Omega=10^3\Omega$，$1M\Omega=10^6\Omega$		
	3. 元件符号：—▭— 介绍一些电阻值：手电筒的小灯泡的电阻为十几欧，家用40W白炽灯的电阻为1000多欧，实验室1米长的铜导线电阻值不到百分之几欧，常忽略不计；人体电阻为几百到几千欧		通过介绍使学生对电阻的单位"欧姆"具有感性的认识

123

教学环节	教师活动	学生活动	设计意图
	教师提问：现在大家告诉我为什么我们不选择更加便宜的铁线作为导线？	学生积极回答：因为铁线的电阻太大了	通过回答前面设下的问题，让学生获得一种成就感，激发学生的学习兴趣
	影响导体电阻大小的因素		
	◆活动二：探究影响导体电阻大小的因素		
新课教学（35分钟）	教师提出问题：不同的导体电阻有大有小。那么，导体电阻的大小与哪些因素有关呢？	学生猜想，教师适时表扬，并鼓励。学生在教师的引导下进行猜想：导体电阻大小可能与导体的材料、横截面积和长度有关	用类比的方法降低猜想的难度，激发学生的探究热情
	教师引导：出示"活动1"中用到的两段金属丝。它们的长度和横截面积都是一样的，但是它们的电阻却是不一样的，现在请同学们猜想一下，到底是什么原因导致了它们的电阻不一样		
	教师启发：同学们再大胆地想一想，是什么原因导致这两段导体的电阻不同？请学生说出自己的想法		通过降低知识点的难度，不仅让绝大部分学生都可以参与到课堂中，让学生产生一种今天要学习的知识"我会"的感觉，吸引学生；还可以让学生意识到物理源自生活
	教师启发：与汽车在公路上行驶类比，路面对车也有阻碍作用，若在崎岖不平的路上和平整的路面上行驶，很显然在崎岖不平的路上路面的阻碍作用更大，那是什么原因造成的呢？（停顿）所以这两段导体的电阻不同是什么原因造成的呢？（停顿）	学生：路面的材料造成的。学生：导体的材料	
	又比如，用一根很粗的水管和一根很细的水管分别从水池里面放水，哪一根水管流出的水流大一些呢？（停顿）然后呢？（停顿）	学生：肯定是粗的那根。学生：导体电阻的大小可能和导体的粗细与有关	

教学环节	教师活动	学生活动	设计意图
新课教学（35分钟）	再比如，穿过我们校园的这条小河里的水流，上游的水流比较急、比较大，而下游越远的地方水流就越小，说明路越长，对水流的阻碍作用就越大。那么导体电阻的大小是否与导体的长度有关呢？并把学生的猜想板书在黑板上：电阻的大小可能与导体的材料、横截面积、长度有关		
	教师：如何比较导体电阻的大小?	学生：还是采用之前的电路连接，通过比较灯的亮度和电流表的示数来比较电阻的大小	注重知识的逻辑性，使课堂节奏更加紧凑不脱节
	教师：当一个事物同时受到几个因素影响时，我们应该如何研究其中一个因素是否影响电阻的大小以及影响的程度?	学生：应采用控制变量法	
	教师肯定学生的设计方案，然后让学生按照自己设计的实验方案进行探究，并记录数据 教师指导学生连接电路	学生：实验可以分成三部分。 实验1：材料、横截面积一定时，研究电阻R与长度L的关系。 实验2：材料、长度一定时，研究电阻R与横截面积S的关系。 实验3：长度、横截面积一定时，研究电阻R与材料的关系。 学生分组分工协作，共同动手实验，记录实验数据	通过分组实验，培养学生的观察能力、动手实验能力，严谨求实的科学态度和与他人合作的精神

初中物理课堂学生能力培养研究

教学环节	教师活动	学生活动	设计意图
新课教学（35分钟）	教师：通过实验能得出什么结论？	学生归纳：电阻大小与导体的长度、横截面积和材料有关，长度越长，横截面积越小，导体的电阻越大	
	教师总结：导体的电阻是导体本身的一种固有属性。导体电阻只取决于导体本身，与外加的因素如电压、电流无关		
	演示实验：用细铁丝绕制的线圈放在活动1的电路的A、B之间，用酒精灯缓缓地给线圈加热，让学生观察小灯泡的亮度的变化，由此判断电阻的变化		
	教师提问：什么因素改变了导体的电阻？	学生：温度	
	教师向学生说明：对绝大多数金属来说，温度越高，电阻越大		
	教师提问：同学们还记得什么是导体，什么是绝缘体吗？（回顾八年级的知识）	学生：导体是可以导电的物体，绝缘体是不能导电的物体	巩固新知识
	教师提问：现在你们明白为什么导体可以导电，绝缘体不能导电了吗？	学生：导体阻碍作用小，绝缘体阻碍作用大	
	教师介绍半导体和超导的相关内容并布置学生课后上网查找一些与半导体和超导体材料相关的知识		从生活走向物理，从物理走向社会并注意学科渗透，开阔学生的视野，使学生关心科技发展
课堂小结（5分钟）	这节课我们学习了什么是电阻，以及电阻的大小与哪些因素有关	学生归纳总结	进一步巩固和掌握所学知识
作业布置	完成"动手动脑学物理"第1~5题	按要求完成	知识巩固，启发思维，开阔眼界，提高学习兴趣
	查阅相关资料，了解半导体和超导体的广阔应用前景		

【板书设计】

认识电阻

一、电阻：导体对电流阻碍作用的大小（符号：R）。

二、电阻的国际单位：欧姆（欧），符号Ω。

其他单位：千欧（kΩ）、兆欧（MΩ）。

$1kΩ = 10^3Ω$，　　　$1MΩ = 10^6Ω$　　元件符号：——▭——

三、电阻是导体本身的一种属性，它的大小和导体的材料、长度、横截面积有关。

【课后反思】

这节课，让学生初步体会了导体对电流的阻碍作用，探究了影响电阻大小的因素，了解了电阻大小与材料、长度、横截面积的定性关系，认识到电阻是导体本身的一种性质。初步形成电阻的概念，知道电阻的单位及换算关系。强化了用控制变量法研究问题的思想。在今后的课堂中要继续落实让学生多观察、多思考、多动手，并活学活用的教学理念。

在教学过程中，我尝试改变以往课堂不足的两个方面，而且经过实践，效果不错。

1. 大胆放手，充分相信学生的能力

物理是以实验为基础的一门课程，在教学过程中我结合教材设计实验，通过讨论来设计电路图、选择器材、设计实验步骤。一方面可以使学生的动手能力有所提高，也可以激发学生的思维。让他们自主探究，他们都能积极地实验，让学生由"机械接受"向"主动探究"发展，从而落实"突出以学生为主体，让学生在活动中发展"的新课程理念。

2. 重视学生的逻辑性思维能力的培养

在课堂教学中我还重视学生的逻辑性思维能力的培养。这样，学生既学到了知识，又得到了科学思维和方法的熏陶，并形成与学科相关的能力。成功的愉悦使学生的终身学习愿望、对自然科学的亲和力等情感态度都受到潜移默化的培养，学生心智方面也可得到培养。物理课堂效益得到了充分的体现。本节课在探究影响导体电阻大小的因素的活动中，学生小组合作比较成功，组内学生能够达到互动的目的，充分体现了自主性学习

127

的教学模式，并且学生通过本节课的学习学到了一种研究物理的方法——控制变量法，深刻地体会了方法的实质。在探究的过程中锻炼了学生的依题设计电路的能力和分析问题的能力，为学生深刻地理解知识创造了条件，为学生能力的发展搭建了舞台。从学生的检测和调查反馈情况来看，学生的学习目标基本达到。

3. 认识到自己各方面的不足

语言表达能力不强，心理素质不好，遇到公开课容易怯场，自身的知识不够丰富，比如在讲电阻的延伸知识时，可以介绍欧姆是一个怎样的科学家，拓宽学生的知识面，激发学生的兴趣。

"探究串、并联电路中的电流"教学设计

龚玉梅

【教学分析】

1. 教材分析

本节课是九年级义务教育物理教科书中第十三章第4节的内容。本节内容是在学生初步了解电路和电流的概念，认识了串、并联电路的特点，会正确使用电流表的基础上，对前面所学电学知识的深入与继续以及进行综合性的运用，无论在知识上还是技能训练上，都起到了承上启下的作用。本节课通过教师提出问题，由学生进行科学的猜想、设计实验方案、进行实验、收集数据、分析数据得出结论、交流与评估等过程，领会科学实验的方法。通过本节课的教学，让学生熟练应用电流表测量电流、会根据提出的问题设计实验并选择器材进行实验，从而掌握串、并联电路中电流的规律。

2. 学情分析

大部分的学生对学习物理还是感兴趣的，能主动去学习新知识，只有少部分学生没有学习的主动性，只是在教师的引导下去学习。九年级的学生思维比较活跃，反应迅速，并且已初步了解了电路和电流的概念以及学会了连接简单的串、并联电路，已学会正确使用电流表，对探究过程有较好的基础。但是大部分学生的实验动手能力比较薄弱，分析问题能力不够强，所以很多环节都要靠小组合作讨论以及教师的引导来完成。本节课通过激发他们的思维能力，引导他们对物理现象进行细致观察，勇于探究物理规律，亲身体验科学探究的乐趣和过程，通过科学的探究培养学生的合作与交流能力以及各方面的能力。

【教学目标】

1. 知识与技能

（1）会使用电流表测量串、并联电路中的电流。

（2）训练学生连接电路和使用电流表的技能，培养学生的动手操作能力。

（3）知道串、并联电路电流的规律。

2. 过程与方法

（1）通过教师、学生的双边教学活动，激发学生的学习兴趣，培养学生热爱科学、主动参与、乐于探究的精神。

（2）通过对实验结论的归纳和总结，培养学生的概括能力和语言表达能力。

（3）通过实验，进一步培养学生合作与交流的能力。

3. 情感、态度与价值观

（1）培养严谨的科学态度与协作精神。

（2）通过探究使学生得到一种获取知识的满足感。

（3）培养学生的科学探究能力和实事求是的科学态度。

【教学重难点】

让学生经历科学探究过程，学习定量研究物理问题的科学方法；探究串、并联电路中电流的规律。

本节课的学生实验涉及的器材比较多，特别是在测量并联电路的电流时，学生往往不能顺利而正确地连接出实验电路，所以如何让学生学会正确地连接电路是本节教学的难点。

【教学方法】

探究法、实验法、讨论法。

【教学准备】

电源、开关、小灯泡、导线、电流表、一体机。

【教学课时】

1课时（45分钟）。

【教学过程】

（一）复习与准备

（1）电流表的使用规则。

（2）让学生在黑板上连接测量串、并联电路中各点电流的实物图。

（二）新课讲授

1. 探究串联电路中电流的规律

（1）情境设置、激智启疑。展示由两个小灯泡串联起来组成的电路，闭合开关，灯泡就亮，说明电路中有电流通过，电流的方向是怎样的呢？（学生回答：电流从电源的正极出来，经过灯泡，回到电源的负极。）

（2）提出问题。下图是由两个小灯泡组成的串联电路，电路中A、B、C三点的电流有什么关系？如果是两个小灯泡并联，那么干路上的电流和通过每个小灯泡的电流之间又有什么样的关系呢？

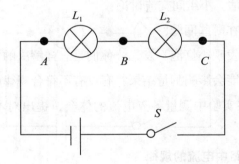

（3）猜想与假设。

① 让小组结合电路图讨论并阐述猜想，为培养学生的科学猜想能力，同时为避免乱猜，要求小组讨论后派代表说出猜想的理由。

② 教师提出让各组通过实验来验证自己的猜想。

（4）设计实验与制订计划。教师适当引导，让学生明确验证猜想要注意的事项。

① 画出设计的实验电路图。

② 说说需要哪些实验器材。

③ 设计一个记录实验数据的表格（见下表）。

测量对象		A处的电流I_A/A	B处的电流I_B/A	C处的电流I_C/A
测量结果	第一次			
	第二次			
	第三次			

④ 换用不同规格的灯泡进行多次实验，使结论具有普遍性。

教师组织学生进行小组讨论，并请学生说出本组的实验思路。

（5）进行实验，收集数据。

① 请小组按照各组的实验设计进行实验，收集数据并记录在表格内。

② 小组按照组长的分工一起动手实验，教师给予指导。

（6）分析实验数据，得出结论。让学生展示各组的实验数据，小组间分析归纳得出串联电路中电流的规律：串联电路中各处的电流是相等的。

（7）交流与评估。小组间交流讨论：

① 在实验中存在哪些问题？

② 实验过程中发现小灯泡不发光，你们是怎样解决的？

③ 什么因素可能会影响测量结果？有没有不符合规律的数据？

④ 结合你们在实验中测量各点电流的体会，提出对本实验改进的一条合理化建议。

2. 探究并联电路中电流的规律

（1）提出问题。同学们看黑板上的电路（见下图），从前面学过的知识知道，这是两个小灯泡组成的并联电路，电路中C点与A、B点的电流之间有什么关系？

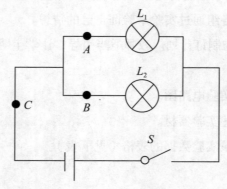

（2）猜想与假设。

① 让小组结合电路图讨论并阐述猜想，为培养学生的科学猜想能力，同时为避免乱猜，要求小组讨论后派代表说出猜想的理由。

② 教师提出让各组通过实验来验证猜想。

（3）设计实验与制订计划。教师适当引导，让学生明确验证猜想要注意的事项。

① 画出设计的实验电路图。

② 说说需要哪些实验器材。

③ 设计一个记录实验数据的表格（见下表）。

测量对象		A处的电流I_A/A	B处的电流I_B/A	C处的电流I_C/A
测量结果	第一次			
	第二次			
	第三次			

④ 换用不同规格的灯泡进行多次实验，使结论具有普遍性。

教师组织学生小组讨论，并请学生说出如何进行实验。

（4）进行实验，收集数据。

① 请小组按照各组的实验设计进行实验，收集数据并记录在表格内。

② 小组按照组长的分工一起动手实验，教师给予指导。

（5）分析实验数据，得出结论。让学生展示各组的实验数据，小组间分析归纳得出并联电路中电流的规律：并联电路干路中的电流等于各支路中的电流之和。

（6）交流与评估。

① 在实验中存在哪些问题？

② 实验过程中发现小灯泡不亮，你们是怎样解决的？

③ 什么因素可能会影响测量结果？有没有不符合规律的数据？

④ 结合你们在实验中测量各点电流的体会，提出对本实验的一条合理化建议。

（三）布置作业

练习册相关练习。

【教学反思】

本节课是一节探究活动课，学生很有兴趣参与到活动中，这节课我认为做得比较好的地方有以下几点。

1. 三维教学目标合理

遵循《义务教育初中物理课程标准》，从"知识与技能""过程与方法""情感、态度与价值观"三个维度确定合适的教学目标。

2. 复习引入起到承上启下的作用

由于本节课的重点是探究串、并联电路中电流的规律，通过复习电流表的使用以及连接测量串、并联电路中各点电流的实物图，可以强化学生正确使用电流表，对本节课的知识有着承上启下的作用。

3. 突破了教学重点和难点的内容

正确地把握了教学的重点和难点。教学重点是探究串、并联电路中电流的规律。教学难点是让学生正确地连接电路。在新课前我让学生复习连接测量串、并联电路中各点电流的实物图，让学生先学会正确连接实物图，再具体动手实验，这样可以降低实验过程中电路的连接错误，从很大程度上避免了学生无从下手的现象出现。

4. 注重培养学生的合作与交流能力

教学的很多环节都是通过小组合作与交流来完成的，如猜想与假设、制订计划与设计实验、进行实验收集数据、分析数据得出结论、交流与评估等。

5. 不足之处

（1）在探究并联电路中电流的规律时，部分学生搞不清分支点、汇合点，导致不能正确测出各点电流。

（2）学生在实验过程中由于不注意接线的松紧，出现电流表指针跳动现象，导致实验数据误差较大。

6. 改进思路

（1）安排实验完成得既好又快的小组主动帮助其他小组。

（2）加强学生正确连接并联电路的训练。

（3）实验前强调学生注意每个接线柱必须接紧。

"探究电磁铁的磁性"教学设计

龚玉梅

【教学分析】

1. 教材分析

本节课是九年级义务教育物理教科书中第十六章第3节的内容，在此之前，学生学习了奥斯特实验，知道通电导体周围存在磁场，又学习了通电螺线管的磁场以及磁极的判断，在以上知识的基础上，学习电磁铁的磁性强弱与哪些因素有关。本节内容是电流磁效应的拓展和深化，是下一节课电磁继电器与自动控制的基础，因此具有承上启下的作用。电磁铁广泛应用于生产、生活中，学习本节知识，有利于激发学生的学习兴趣，更好地实现理论与实际的结合。

2. 学情分析

本节课面对的教学对象是广宁县江屯中学九年级的学生，大部分学生对物理还是比较感兴趣的，而且对控制变量法、转换法已经有了一定的认识，但是实验动手能力相对比较薄弱，分析问题能力还不够强，所以很多环节都要靠小组合作讨论以及教师的引导来完成。

【教学目标】

1. 知识与技能

（1）了解什么是电磁铁，知道电磁铁的结构及其工作原理。

（2）知道影响电磁铁磁性强弱的因素。

（3）知道电磁铁的优点。

（4）了解电磁铁在生活中的广泛应用。

2. 过程与方法

（1）经历探究电磁铁的过程，进一步熟悉控制变量法。

（2）通过学生分组实验，提高他们的合作与交流能力。

3.情感、态度与价值观

（1）通过了解电磁铁在生产实践中的应用，认识物理的作用，以激发学生的学习兴趣。

（2）体验探索科学的乐趣，养成主动与他人交流合作的精神。

【教学重难点】

（1）电磁铁的优点。

（2）电磁铁的磁性强弱与哪些因素有关系。

（3）用控制变量法和转换法探索电磁铁磁性强弱与哪些因素有关。

【教学仪器】

电磁铁、电源、开关、滑动变阻器、电流表、铜线、铁芯、透明胶、一小堆大头针。

【教学课时】

1课时（45分钟）。

【教学过程】

（一）复习提问

（1）奥斯特实验说明了什么？

（2）通电螺线管的极性与哪些有关系？

（3）怎样判断通电螺线管的极性？

（二）创设情境，新课引入

观看视频，画面上出现电铃、磁悬浮列车、电磁起重机工作时的场景，看完视频后提出问题：为什么电铃可以不停地敲打，为什么磁悬浮列车可以悬浮在轨道上，为什么电磁起重机不用专门的装卸工具就可以把几吨重的废铁轻松地搬到其他的地方？

（三）新课教学

1.什么是电磁铁

（1）让学生把桌面上的电磁铁拆开，观察它的结构，知道电磁铁的主要部件是线圈和铁芯。

（2）教师讲授如何选择器材自制简易电磁铁。

137

（3）小组合作自制电磁铁，教师指导与评价。

2. 探究电磁铁的磁性强弱跟哪些因素有关

（1）猜想与假设。让小组讨论并阐述猜想，为培养学生的科学猜想能力，同时为避免乱猜，要求小组讨论后派代表说出猜想的理由。

学生交流讨论：

① 因为实验室的电磁铁是使用干电池供电，电流很小，只能吸起一些小物体，而工业用的电磁起重机工作电压是380V，电流很大，可以吸起几吨重的物体，所以电磁铁的磁性强弱可能与电流的大小有关。

② 实验室用的电磁铁线圈匝数很少，工业用的电磁起重机线圈匝数很多，所以电磁铁的磁性强弱可能与线圈的匝数有关。

③ 给通电螺线管插上铁芯后磁性增强，所以电磁铁的磁性强弱可能与有无铁芯有关。

（2）设计实验与制订计划。教师适当引导：验证猜想要注意的事项。

① 如何判断电磁铁的磁性强弱？（通过观察吸起大头针的数目，判断电磁铁磁性的强弱）

② 需要用到哪些实验器材？如何连接电路？（实验用到的器材有电磁铁、电源、开关、滑动变阻器、电流表、大头针。组成串联电路）

③ 实验用到哪些科学研究方法？（控制变量法、转换法）

教师组织学生小组讨论，并请学生说出本组的实验思路，然后师生一起归纳：

把电源、开关、滑动变阻器、电流表和电磁铁连接成如下图所示的实验电路图。

a. 保持电磁铁的线圈匝数相同，移动滑动变阻器改变电路中的电流，观察电磁铁吸引大头针的数目是否变化。

b. 保持电流大小相同，改变电磁铁的线圈匝数，观察电磁铁吸引大头针的数目是否变化。

c. 保持电流大小和电磁铁线圈匝数不变，把铁芯抽出来，观察电磁铁吸引大头针的数目是否变化。

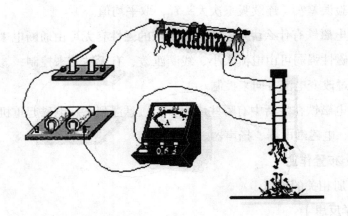

3. 进行实验，收集数据

（1）请小组按照各组的实验设计进行实验，收集数据并记录在下表中。

线圈匝数（*n*/匝）	电流（*I/A*）	吸起的大头针数目

（2）小组按照组长的分工一起动手实验，教师给予指导。

4. 分析实验数据，得出结论

让学生展示各组的实验数据，师生一起分析实验数据、归纳结论：

（1）电磁铁通电时有磁性，断电时没有磁性。

（2）线圈匝数一定时，通入电磁铁的电流越大，它的磁性越强。

（3）在电流一定时，线圈的匝数越多，电磁铁的磁性越强。

结论：电磁铁线圈的匝数越多，通过线圈的电流越大，电磁铁的磁性就越强；线圈中插入铁芯后，磁性会大大增强。

5. 交流与评估

小组间交流讨论：

（1）在实验中存在哪些问题？

（2）电磁铁与大头针的相对位置不同，吸起的大头针数目会不一样，如何减少实验误差？（连续吸三次大头针，取平均值。）

（3）电磁铁有什么优点？（①电磁铁的磁性有无可由通断电来控制；②电磁铁的磁性强弱可由电流大小、线圈匝数、有无铁芯来控制；③电磁铁的磁极可通过改变电流方向来控制。）

（4）电磁铁在生活中有哪些应用？（磁悬浮列车、电磁起重机、电话听筒、电铃、电磁继电器、扬声器。）

（四）布置作业

练习册相关的练习。

【教学反思】

本节课我的设计思想是通过学生分组实验，提高学生的合作与交流能力以及科学的探究精神。

1. 课程优点

（1）本节课通过让学生观看"电铃、磁悬浮列车、电磁起重机工作"的视频引入课题，贴近学生的生活，有效地激发了学生的学习兴趣。

（2）复习引入起到承上启下的作用。通过复习奥斯特实验以及通电螺线管的实验学习电磁铁的磁性强弱与哪些因素有关，本节内容是电流磁效应的拓展和深化，是下一节课电磁继电器与自动控制的基础，因此具有承上启下的作用。

（3）在进行"猜想与假设、设计实验方案、分析数据得出结论、交流与评估"时学生积极参与、团结合作、不怕失败。

（4）本节课大部分时间都交给了学生自行探究，让学生充分享受探究过程，很好地体现了学生的主体地位。

（5）注重培养学生的合作与交流能力。教学的很多环节都是通过小组合作与交流来完成的，如猜想与假设、制订计划与设计实验、进行实验收集数据、分析数据得出结论、交流与评估等。

2. 这节课还存在着一些不足的地方

（1）在吸引大头针时，大头针的量和电磁铁铁芯的放置对吸起数目的多少有影响。

（2）学生虽然在实验讨论、交流实验方案的时候很清楚，但是到真正动手实验的时候，有的小组就无从下手了。

3. 改进思路

（1）平时尽量多让学生自己动手实验，增强他们的实验动手能力。

（2）每组用足够的大头针做实验，实验前告诉学生每次都要把电磁铁放在大头针的中间。